Frauke Kraas | Regine Spohner
Jörg Stadelbauer

111 Orte
in Myanmar,
die man gesehen
haben muss

111

Mit herzlichen Wünschen!
Frauke

emons:

Unseren Familien gewidmet

Bibliografische Information der Deutschen Nationalbibliothek
Die Deutsche Nationalbibliothek verzeichnet diese Publikation
in der Deutschen Nationalbibliografie; detaillierte bibliografische
Daten sind im Internet über http://dnb.d-nb.de abrufbar.

© Emons Verlag GmbH
Alle Rechte vorbehalten
© der Fotografien: Frauke Kraas, Regine Spohner,
Sarah Luft, Jörg Stadelbauer
© Covermotiv: shutterstock.com/Xiebiyun
Layout: Eva Kraskes, nach einem Konzept
von Lübbeke | Naumann | Thoben
Kartographie: Regine Spohner
Kartenbasisinformationen: Geographisches Institut – Universität zu Köln,
Natural Earth (Shaded Relief), ALOS Global Digital Surface Model (AW3D30,
Shaded Relief) – © JAXA (Japan Aerospace Exploration Agency)
Druck und Bindung: CPI – Clausen & Bosse, Leck
Printed in Germany 2018
ISBN 978-3-7408-0149-6
Originalausgabe

Unser Newsletter informiert Sie
regelmäßig über Neues von emons:
Kostenlos bestellen unter
www.emons-verlag.de

Vorwort

Eine Garage als Restaurant für Tofu-Spezialitäten, die vergoldeten Spitzen einer Pagode neben dem Wolkenkratzer, aufstiebende Graureiher im Schilflabyrinth, glitzernde Edelsteine auf dem Straßenmarkt, ein schweißtreibender Aufstieg zum atemberaubenden Ausblick, Straßen in allen Qualitätsstufen vom unasphaltierten Gebirgsweg für Vierradantrieb bis zur ausgebauten Autobahn für Überlandbusse zwischen den größten Städten – Myanmar, das frühere Birma, ist ein Land vielfältiger Gegensätze. Faszinierende Entdeckungen warten im dichten Gedränge der Megastadt Yangon ebenso wie in der Entlegenheit des Chin-Berglands. Als Orte kulinarischer Genüsse bieten sich Top-Restaurants ebenso an wie einfache Straßenküchen, und wie die buddhistischen Heiligtümer regen christliche Kirchen und hinduistische Tempel zum Nachdenken über kulturelle Vielfalt an. Eine Lokomotive erinnert als Denkmal an Kriegszeiten, eine andere zieht einige ähnlich alte Waggons in schwindelerregender Höhe über eine gebrechlich erscheinende Brücke. Und überall begegnet man freundlichen, aufgeschlossenen Menschen.

Der Besuch wird zur Zeitreise: Die Wirtschaft zeigt weitflächig bewässerten Reisanbau und moderne Industriebetriebe, und es existieren hoch spezialisierte Kleinstbetriebe, die in protoindustrieller Produktion oder im Kunsthandwerk mit Techniken arbeiten, welche in vielen Ländern in Vergessenheit geraten sind oder nie existierten. Bunte Märkte als Orte pulsierenden Alltagslebens kann man im ganzen Land erleben, in den Großstädten entstehen die ersten Shoppingmalls.

Zudem bietet Myanmar eine große landschaftliche Vielfalt von tropischen Regenwäldern und Palmenstränden über weite Flusslandschaften und Mangrovendeltas bis zu kaum erschlossenen Gebirgsregionen. Der Tourismus findet reiches Potenzial, doch dessen Erschließung erfordert gegenseitige Akzeptanz, Anpassung und Achtung.

111 Orte

Zur Reihenfolge der Ortsbeschreibungen im Buch: Die Reihenfolge wurde bewusst so gewählt, dass man die Orte quasi wie auf einer Reiseroute durchs Land lesen kann. Räumlich benachbarte Orte stehen somit auch im Buch beieinander.

Zur Schreibung: Es gibt keine einheitliche Schreibung von Toponymen in Myanmar. Wir verwenden die international übliche Schreibweise in englischer Phonetik. Für viele Orte, Flüsse und Berge sind daneben noch immer die auf die britische Kolonialzeit zurückgehenden Namen verbreitet (wie etwa Rangun/Rangoon für Yangon). Sie werden teilweise, zur besseren Einordnung, in Klammern hinzugefügt. Die zahlreichen Varianten mancher Namen können jedoch nicht dokumentiert werden.

1 Die Singu Min-Glocke

Der verlorene Klang in der Shwedagon-Pagode

Der tiefe Glockenton wäre weithin zu hören. Im Nordwesten der oberen Plattform der wichtigsten Pagodenanlage Yangons befindet sich unter einem siebenstöckigen Pagodendach eine offene Halle. Dort hängt an einem Teakholzbalken die übermannsgroße Singu Min-Glocke, aufgrund ihres Gewichts (25 Tonnen) auch Maha Ghanta-Glocke (»Große Glocke«) genannt. Wie alle Glocken auf der Pagodenterrasse hatte sie die Aufgabe, mit ihrem Klang auf verdienstvolle Taten und Bitten der Gläubigen aufmerksam zu machen. Ein Stößel aus Holz steht bereit, den Besucher auf den Glockenrand stoßen, um die Bronzemasse zum Klingen zu bringen.

Die Singu Min-Glocke wurde 1779 auf König Singus Geheiß gegossen, als er die Shwedagon-Pagode besuchte. Der König selbst sah die Glocke nie, weil er bereits wieder abgereist war, als sein Sohn den Guss organisiert hatte. Als 1824 der erste englisch-birmanische Krieg ausbrach, besetzten Briten den Hügel der Shwedagon-Pagode. 1826 versuchten sie, die Glocke abzutransportieren, stießen sie den Hügel hinunter und wollten sie auf ein Floß verfrachten, doch die Glocke – durch den Sturz über den Hügelabhang bereits am unteren Rand beschädigt – rutschte ab und fiel in den Hlaing-Fluss. Gläubige bargen sie und brachten sie später an ihren angestammten Platz zurück. Die abgebrochenen Teile des Glockenrands fand man nicht mehr. Damit sie keinen weiteren Schaden erleidet, darf sie heute nicht mehr angeschlagen werden. Für die Bevölkerung symbolisiert sie die Überwindung der mit der britischen Kolonialherrschaft verbundenen Belastungen.

Die Shwedagon-Pagode ist in jeder Beziehung ein herausragendes Bauwerk. Sie steht für die tiefe Verankerung des Buddhismus im Alltag, ist der spirituelle Mittelpunkt und besitzt für ganz Myanmar eine hohe identifikatorische Bedeutung. Damit ist sie auch der Ort, der mit seismografischer Exaktheit Stimmungen in der Bevölkerung erfasst.

Adresse 96°8'55.42" E 16°47'56.31" N, Dagon Township, Yangon | **Anfahrt** Westaufgang: U Wisara Road; Nordaufgang: Ar Zar Ni Street; Ostaufgang: Bahan Market / Gyar Tawya Street; Südaufgang: U Htaung Bo Road; Nordwestecke der Pagoden-Ebene, westlich vom Gautama Buddha Image, in der Nähe des Chanthargyi Buddha Image | **Öffnungszeiten** täglich 4–22 Uhr, letzter Einlass 21.45 Uhr | **Tipp** Besucht man die Shwedagon-Pagode über den Ost-Aufgang, passiert man den Bahan Market, Werkstätten, den Straßenmarkt und kleine Läden. Manchmal bietet sich hier die Möglichkeit, besondere Aktionen im Bereich des Straßenmarktes zu beobachten, zum Beispiel Schlangenbeschwörung.

2 — Der Thein Gyi Zay

Die 100-jährige Markthalle

Im Stadtzentrum liegt der wohl eindrucksvollste Markt Yangons. Das Innere der aus Holz und Stein errichteten Markthallen ist schematisch aufgeteilt; rund 650 Stände zählt die Halle A, gut 500 die Halle B. Jeder Stand besteht aus einer hölzernen Box, die den Boden bedeckt, mit Stoffen, Kleidung und anderen Waren gefüllt und abschließbar ist. Der Holzverschlag wird tagsüber nach unten oder zur Seite geklappt, die Stoffballen oder Bündel mit den traditionellen Longyis werden an den Seiten hoch aufgeschichtet oder auf dem Gang vor dem Stand gestapelt, sodass gerade eben ein Durchkommen ist. Über einigen Ständen ist eine zweite Box angebracht, die ebenso als Warenlager dient. Die Holzkonstruktion der Markthalle lässt viel Luftraum über den Ständen und sorgt so für gute Ventilation.

Fast jede Warengattung findet man: Stoffe und Longyis, Frotteewaren, wärmende Bettdecken in leuchtenden Farben für die Wintermonate, importierte Fertigkleidung, Haushaltschemikalien, Farben, Fischfanggeräte, Backwarenzutaten, Steine, Harze und Öle. Traditionelle Medikamente werden ebenso angeboten wie solche aus der pharmazeutischen Industrie. Der Fleischverkauf nimmt eine eigene Ecke ein. In den benachbarten Hallen C, D und E finden sich Haushaltswaren, während Obst, Gemüse und Fisch unter freiem Himmel in den Gassen zwischen den Hallen angeboten werden.

Vergleichbare Märkte mit so breiter Angebotspalette, so langer Tradition und so tiefen Händler-Kunden-Beziehungen gibt es in Yangon und anderswo nicht mehr. Das Besondere am Thein Gyi Zay sind sein Alter und bemerkenswerter Erhaltungsgrad: Es handelt sich bei ihm vermutlich um die älteste bis heute erhaltene Markthalle Südostasiens mit ebenfalls großenteils im Originalzustand bewahrter Inneneinrichtung – mit dem regen Leben ein einzigartiges Element kulturellen Erbes über alle geschichtlichen Umbrüche hinweg.

Adresse 96°9'15.49" E 16°46'32.58" N, Pabedan Township, Yangon | Anfahrt Thein Gyi Zay Block A und B zwischen Kon Zay Dan Street und 25th Street im Block zwischen Anawratha und Maha Bandoola Road | Öffnungszeiten Mo–Sa 6–17.30 Uhr, So 6–13 Uhr, geschlossen an nationalen Feiertagen | Tipp Am frühen Vormittag sollten Sie Block A und B in Kombination mit dem Morning Market in der 26th Street besuchen. Steigen Sie im Treppenhaus des westlich anschließenden Kaufhauses (Block C) nach oben, wo Sie von der oberen Terrasse mit mehreren Restaurants einen Überblick über große Teile Downtowns erhalten.

3 Die Convocation Hall
Hier werden Karrieren gemacht

Die Convocation Hall (Versammlungsraum, Auditorium Maximum) ist – optisch, nicht geometrisch – der Mittelpunkt der bedeutendsten Universität des Landes, der University of Yangon. Im Grundstein ist eine Inschrift eingemeißelt: 1920 wurde die Universität unter den Briten gegründet und großzügig angelegt. 1922 erfolgte die Grundsteinlegung für die Convocation Hall.

Die Anlage richtet sich an der zentralen Achse der Atipathi Road aus, die auf die 1927 unter Leitung des Architekten Thomas Oliphant Foster errichtete Convocation Hall zuläuft. Davor befinden sich in fast symmetrischer Anlage mehrere Seminar- und Institutsgebäude sowie mehrstöckige Wohnheime für Mitarbeiter (»halls«), teilweise durch überdachte Gänge miteinander verbunden, die in der Regenzeit dankbar angenommen werden. Etwas abseits der zentralen Achse wurde 1931 bis 1933 eine Kirche, Judson Chapel, errichtet, deren Stil Elemente von Jugendstil und Art déco verbindet. Ebenfalls auf dem Campus steht eine Reihe von Wohnhäusern, die für die Professoren der Universität gebaut wurden und auch heute noch so genutzt werden. Der Baustil ist an die tropischen Klima- und Witterungsgegebenheiten angepasst: Das vorgezogene Dach schützt bei Starkregen, die Lamellen der Fenster und Fensterläden fördern die Ventilation, die Eingangshalle, zugleich der Besucherraum, ist groß und luftig.

Während die meisten Universitätsgebäude seit etwa einem Jahrzehnt regelmäßig renoviert und neu angestrichen werden, fällt die Convocation Hall mit ihrer grauen Farbe (»Tropenlack«) auf, die von Algen und Moosen herrührt; tatsächlich führen die hohe Feuchtigkeit während der Monsunzeit und die hohen Temperaturen zu einer schnellen Ausbreitung des Bewuchses. Dass dagegen nichts unternommen wird, beruht auf einem Gegenwartsmythos: Ein Eingriff in dieses Aussehen gilt als Beschädigung der Universität und soll Unglück bringen.

Adresse 96°8'10.06" E 16°49'59.61" N, Kamayut Township, Yangon | **Anfahrt** Universitäts-Campus südlich des Inya Lake, westlich der Pyay Road, über Haupttor an der University Avenue Road und Adipati Road zu erreichen | **Öffnungszeiten** Universitäts-Campus ganztägig geöffnet | **Tipp** Genießen Sie einen ausgedehnten Spaziergang in dem grünen, zu jeder Zeit von Einheimischen für Spaziergänge genutzten Campus und am nördlich davon gelegenen Inya-See – am besten in den frühen Morgenstunden!

4 Die 19th Street

Aus dem alten Rangun

Städtische Architektur bewahrt historische Entwicklungen; in den Häusern lesen wir die Geschichte. Yangons Altstadt setzt sich aus 50 quadratischen Blöcken von etwa 260 mal 245 Meter Seitenlänge zusammen, die durch breite Durchgangsstraßen begrenzt werden. Eine von Norden nach Süden verlaufende Straße teilt jeden Block in zwei Hälften. In jeder dieser beiden Hälften gibt es zwei schmale Gassen, die von Westen nach Osten durchgezählt und nur mit ihrer Nummer benannt sind. Gerade in diesen Gassen hat sich das traditionelle Alltagsleben Yangons gut erhalten.

Die 19. Straße gehört zur »Chinatown« der Stadt. Hier lässt sich Yangons bauliche Entwicklung anhand von Beispielen gut nachverfolgen. Die einfachen Holzhäuser, die über dem oft als Ladengeschäft oder Werkstatt genutzten Erdgeschoss meist nur noch ein Geschoss aufweisen, sind rar geworden. Etwas aufwendiger sind die einst das Stadtbild der Altstadt prägenden dreigeschossigen Geschäfts- und Wohnhäuser, deren hölzerne Wandelemente durch hohe Fenster mit grünen Holzfensterläden verschlossen werden. Ihre Konstruktionsweise sollte eine natürliche Belüftung erlauben, was unter den heutigen Bedingungen einer weit überhöhten Bebauung kaum noch möglich ist. In diesen älteren Häusern sind noch kleine Familienbetriebe zu finden, mit Handel oder kleinen Restaurants. Hier scheint die Globalisierung weit entfernt. Zwei- und dreigeschossige Steinbauten, bisweilen mit Mezzaningeschoss, bestimmten die Bauweise bis Ende der 1950er Jahre.

Seit den 1990er Jahren begann sich das Straßenbild durch Neubauten zu verändern, die rasch auf acht bis zehn Stockwerke anwuchsen, Beton, Glas und lasierte Kacheln als neue Baumaterialien und erste Spiegelverglasungen einführten. Zunehmend fanden sich Bauherren für immer größer werdende Hochhauskomplexe. Seit 2011 wächst der Druck des internationalen Immobilienmarktes, sodass sich das Bild der Straßen und Gassen kontinuierlich verändert.

Adresse 96°8'58.03" E 16°46'30.14" N, Latha Township, Yangon | **Anfahrt** Downtown-West, 19th Street zwischen Anawratha und Strand Road | **Tipp** Ab circa 16 Uhr beginnt in Chinatown zwischen Latha und Lanmadaw Street der Evening Market, später locken die Straßenrestaurants in der 19th Street im Block zwischen der Anawratha und der Maha Bandoola Road (Latha Township).

5__ Der Shri Kali-Tempel

Bunter Figurenschmuck im Großstadtgetöse

Die Göttin Kali – Gemahlin von Shiva, einem der mächtigsten Götter – hat ein schreckliches Angesicht, in den Händen der vielen Arme
trägt sie Schwerter und Waffen. Ihr Kopf ist dunkelblau oder schwarz
wie die Nacht, die Zunge rot herausgestreckt. Sie brüllt wie das Meer,
wie ein tobender Orkan, sie verkörpert das Böse, die Zeit und den
Tod. Aber: Kali (gesprochen mit zwei langen Vokalen) ist auch un-
geheuer stark, sie besiegt die Dämonen, spendet Schutz und Segen.
Sie befreit, sie verkörpert den Beginn und die Schöpfung. Sie ist
der Ursprung von allem, die liebevolle göttliche Mutter, Maha Kali,
die Große, eine der zehn Mahavidyas, der Göttinnen der Weisheit.
Und sie kann, so der Volksglaube, Wünsche erfüllen. Ihr wurde der
Tempel gewidmet.

Bereits das Äußere des farbenprächtigen Tempels fasziniert: Die
mehreren Etagen des Tempelturms (Gopuram) zeigen Gottheiten,
Wächterfiguren, wilde Tiere und mythische Fabelwesen in sehr far-
benfroher Darstellung. Der Eingang des Tempels liegt im Osten. Unter dem Gopuram – dem Abbild des mythischen Weltenbergs Meru,
dem Zentrum des Universums – befindet sich die Cella, der heiligs-
te Raum, zu dem nur der Priester Zugang hat. Hier steht, reich mit
Girlanden und Blumen geschmückt, das Bildnis von Kali Ma. Die In-
nenräume des Tempels werden durch Fenster im oberen Bereich des
Turms stimmungsvoll ausgeleuchtet. Marmorböden, reich verzierte
Türen, schmiedeeiserner Schmuck und eine sehr üppige, sehr bunte
Innenausschmückung künden von großzügigen Spenden. Denn einen Tempel zu stiften oder für ihn zu spenden, gilt als verdienstvolles
Handeln. So erlaubt die Pracht eines Tempels Rückschlüsse auf den
Wohlstand einer Gemeinschaft. Ende des 19. Jahrhunderts stieg die
Zahl tamilischer Arbeiter, Geschäftsleute und Verwaltungsbeamter
so stark an, dass 1871 ein solch prächtiger Tempel gebaut wurde –
von ihnen und für sie. Heute dürfen sich auch die Touristen an der
bunten Vielfalt erfreuen.

Adresse 96°8'58.03" E 16°46'30.14" N, Latha Township, 295 Kon Zay Dan Street, Yangon |
Anfahrt Kon Zay Dan Street, Ecke Anawratha Road, direkt nördlich des Theingyi Zay,
Block A | **Öffnungszeiten** ganztägig | **Tipp** Im 20. Stock des Sakura Tower an der
Bogyoke Aung San Road, Ecke Sule Pagoda Road kann man einen eindrucksvollen Blick
auf Downtown Yangon, die Shwedagon-Pagode sowie auf die nördlich anschließenden
Townships genießen. Allerdings ist der Aufenthalt nur bei Verzehr von Essen und Ge-
tränken gestattet (Café 10–18 Uhr, Bar 18–22.30 Uhr).

6__ Wardan Jetty

Alltag zwischen Wassertaxis und Lastschiffen

Yangon gehört zu den großen Metropolen am Fluss beziehungsweise zwischen mehreren Flüssen, auch wenn die *waterfront* am Yangon River sich bislang einer gezielten architektonisch-städtebaulichen Entwicklung entzieht. Der Zugang zum Ufer ist an der Strand Road kaum möglich, weil der kolonialzeitlichen Bebauung (Hauptpost, Strand-Hotel, britische Botschaft, Hafenverwaltung, Zoll) geschlossene Hafenbereiche vorgelagert wurden. Im Westen der Altstadt bestimmen jedoch nicht die großen Handels- und Transportunternehmen, sondern Anlagestellen für kleinere Boote das Leben und Handeln. Sie bringen Waren, die zumeist von Tagelöhnern entladen werden, oder sie transportieren Menschen über den breiten Fluss und ins Delta des Ayeyarwady – vom Wohngebiet zur Arbeit in der Altstadt Yangons und zurück. In diesem Abschnitt regen Alltagslebens finden sich Straßenverkäufer mit Garküchen, nahebei entlang der Strand Road einige Anbieter von Obst und Gemüse. Verschwunden sind weitgehend die kolonialzeitlichen Lagerhallen, die einer breiten Straße Platz machen mussten – ein Vorgriff auf die künftige Entwicklung?

Die Lasten, die von Trägern von den Booten geschleppt und auf Lastkraftwagen oder Rikschas verladen werden, sind schwer. Farbige Stäbchen erleichtern die Abrechnung der Akkordarbeit: Mit jedem Zement- oder Reissack, den ein Arbeiter vom Boot herunterträgt, legt er ein solches kleines Stäbchen ab; damit ist eine Kontrolle über die Zahl der angelandeten und umgeladenen Warensäcke möglich.

Am Ufer liegen Reihen von schmalen, langen Booten, in denen ein Dutzend Personen Platz finden. Mit ihnen wird die Verbindung zwischen den Ufern des mehrere hundert Meter breiten Yangon-Flusses und darüber hinaus hergestellt. Aus einer anderen Welt scheinen die großen Überseeschiffe zu stammen, die bisweilen die Anlegestellen im östlichen Hafengebiet ansteuern.

Adresse 96°9'15.69" E 16°46'37.97" N, Seikkan Township, Yangon | **Anfahrt** Hafengebiet zwischen Wardan und Lanthit Street, südlich der Strand Road, weiterer Verlauf des Hafengebietes nach Osten bis Sint Oh Dan Street | **Tipp** Frühmorgens und am Abend ist die Stimmung an den Anlegestellen einzigartig, bei Sonnenuntergang ist ein Besuch gut zu kombinieren mit einem Spaziergang über den Nachtmarkt zwischen Latha Street und Sule Pagoda Road.

7 National Races Village

Der Vielvölkerstaat im Freilichtmuseum

Die Zeit reicht nicht, um auch entlegene Landesteile aufzusuchen, dort die traditionelle Bauweise und regionaltypische Handwerke zu studieren? Dann planen Sie doch in Yangon einen halben Tag für den Besuch eines Freilichtmuseums ein, in dem Sie die Vielfalt an ländlicher Architektur, Trachten und Alltag kennenlernen. Die offizielle Bezeichnung sollte nicht verwirren, denn »race« steht für »ethnische Gruppe«; gemeint sind all diejenigen Ethnien in Myanmar, denen eine gewisse kulturelle Eigenständigkeit zugestanden wird. Die Mon, Kayin, Kayah, Shan, Chin, Kachin und weitere sind versammelt.

Die 2002 eröffnete Anlage kann erwandert oder mit dem Fahrrad erschlossen werden. Sie bietet außer Einblicken in die Konstruktionsweise überkommener Bauernhäuser und ihrer Dächer auch Begegnungen mit regionalen Trachten, mit Kunstfertigkeiten sowie Erfahrungen mit dem Freizeitverhalten der großstädtischen Bevölkerung, denn diese grüne Oase am Rand der wuchernden Metropole wird gern von der einheimischen Bevölkerung aufgesucht. Ganz nebenbei erfährt man allein schon durch Nachahmung, dass man ein Haus nicht mit Straßenschuhen betritt, dass die Schuhe am unteren Ende der Treppe stehen bleiben, die zur »Wohnetage« führt, dass der Freiraum darunter zum Arbeiten, für das Vieh und für Kinder zum Spielen im Schatten genutzt wird – abgesehen davon, dass er Haustiere und weniger erwünschtes Getier vom Eindringen in den Wohnraum abhält. Die meisten Häuser und ihre Gärten leben: Spinnerei, Weberei, Töpferei, Flechterei, Holzschnitzerei werden ebenso vorgestellt wie Mobiliar, Musikinstrumente, Arbeitsgeräte oder Kräuter, andere Nutzpflanzen und sogar ein paar Haustiere. Auch der Einkauf kleiner Snacks als Wegzehrung oder der Erwerb von Souvenirs, deren Herstellung Sie verfolgen können, sind möglich – von traditionellen Kopfbedeckungen bis zu Kinderspielzeug.

Anfahrt in der Nähe der Thanlyin-Brücke am Bago Fluss, von Yangon kommend auf der Thanlyin Chin Kat Road direkt nach der Kreuzung Shukhintha Mayopat Road, es kann jeder Bus in Richtung Thanlyin genommen werden (Ausstieg vor der Brücke) | **Öffnungszeiten** täglich 7–17.30 Uhr, Eintritt für Ausländer: 3 US-Dollar | **Tipp** Besuchen Sie das täglich ab 8 Uhr geöffnete Shwe Pu Zun Cafeteria & Bakery House (25 (F), Min Nandar Road, Thaketa Township, circa 4,5 Kilometer nordwestlich des Freilichtmuseums) – ob zum Frühstück oder zum nachmittäglichen Kaffeetrinken.

8_ Die Shin Mway Loon-Pagode

Einsamer Ort einer unglücklichen Liebe

Im Gegensatz zur weithin sichtbaren Kyaik Khauk-Pagode ist die versteckt liegende Shin Mway Loon-Pagode in Thanlyin nur Eingeweihten bekannt. Nur ein Namensschild und ein Torbogen vor dem Aufgang weisen auf die Existenz der durch Bäume und Sträucher verdeckten, abseits der Hauptstraße auf einem Ausläufer des Bago-Gebirges liegenden, etwa acht Meter hohen vergoldeten Pagode. Die einsame und zurückgezogene Atmosphäre spiegelt sehr treffend die Mythologie dieses Ortes wider – die Geschichte einer tragischen Herkunft, verknüpft mit einer unglücklichen Liebe. Geboren auf dem Friedhof nach dem plötzlichen Tod ihrer schwangeren Mutter und verbannt aufgrund des Glaubens, dass niemand, der auf dem Friedhof geboren worden sei, in der Stadt wohnen dürfe, lebte die schöne Prinzessin Shin Mway Loon einsam in einem Palast auf dem Friedhof oberhalb des Bago-Flusses. Prinz Min Nandar, Sohn des Königs von Dagon, dessen Reich nördlich des Bago-Flusses lag, verliebte sich in sie. Aufgrund einer Prophezeiung, die besagte, dass der Prinz von einer Wasserkreatur getötet werden würde, war ihm der Kontakt verboten worden. Ausgestattet mit einem magischen Rohr der Nat-Könige überquerte er jedoch den Fluss auf dem Rücken des mächtigen Krokodilkönigs Nga Moe Yeik, um seine große Liebe zu besuchen. Intrigen unter den Krokodilen und die Nachlässigkeit des Prinzen – er vergaß sein magisches Rohr – führten zum Tod des Prinzen im Maul von Nga Moe Yeik. Die Prinzessin verstarb daraufhin an gebrochenem Herzen.

Mit dem Wissen um diese Geschichte betrachtet man den versteckten Ort der Pagode mit anderen Augen. Kleine Wasserbecken mit Schildkröten erinnern an die Wasserkreaturen, ebenso ein Schrein mit einer Figur und einem Gemälde der Prinzessin. Steht man ganz im Norden des Geländes, erhascht man einen Blick auf den Fluss, an dem diese schön-schaurige Geschichte ihr tragisches Ende fand.

Adresse 96°14'27.46" E 16°46'40.15" N, Aung Thuka Ward, Thanlyin | **Anfahrt** nach Überquerung des Bago River auf der Thanlyin Bridge Fahrt auf Kyaik Khauk Pagoda Road, circa 100 Meter nach der Einfahrt zur Star City, gegenüber der Bushaltestelle an der Kyaik Khauk Pagoda Road Einfahrt in die Thati Pathan Road, nach circa 100 Metern Hinweisschild und Treppenaufgang zur erhöht, leicht versteckt liegenden Pagode | **Öffnungszeiten** ganztägig | **Tipp** Die Besichtigung ist gut zu kombinieren mit einem Besuch des Myoma Market in Thanlyin und verstreut liegender kolonialer Gebäude wie der Ruine der portugiesischen katholischen Kirche ganz in der Nähe der Pagode.

9 __ Der alte Königspalast
Von Ausgrabungen und Geschichtsschreibung

Neben die beeindruckenden, wieder ausgegrabenen Stümpfe der
alten, dunklen Teakpfosten hat man in neuerer Zeit wuchtige, mit
Goldfarbe angestrichene Betonsäulen gesetzt, um zu demonstrie-
ren, welche Ausmaße der Palast einmal hatte. Die Teakpfosten wurden 1553 aufgestellt, als König Bayint Naung in Bago seinen neuen
Palast errichtete. Auf dem Höhepunkt seiner Macht besaß sein
Reich eine Ausdehnung, die deutlich über die heutige Staatsflä-
che von Myanmar hinausging: Das heute indische Manipur war
ebenso eingeschlossen wie weite Teile des heutigen Thailand und
westliche Teile des heutigen Laos (nicht aber Arakan, der heutige
Rakhine-Staat).

Nachdem der Palast 1599 zerstört wurde, gerieten seine Ruinen in
Vergessenheit. Erst 1993 wurde die Große Audienzhalle, die Löwen-
thronhalle (Thihathana), wieder ausgegraben. Zutage kamen 176 gut
erhaltene Teakpfosten, darunter 136, auf denen zweisprachige Mon-
und Myanmar-Inschriften entdeckt wurden; eingraviert sind die Regionen und Namen der Minister und Statthalter, die die Stämme
dem König zum Bau der Halle gesendet hatten.

In dem heute als Museum gestalteten Nachbau des Palastes findet
man zahlreiche Informationstafeln mit Abbildungen anderer Paläste
sowie von Statuen der drei großen Könige Anawratha (1044–1077),
Bayint Naung (1551–1581) und Alaungmintaya (1752–1760). Auch
der Löwenthron wurde nachgebaut, und man erfährt mehr über die
frühere Stadtanlage von Hanthawaddy (wie das heutige Bago zur
Gründungszeit hieß): Wie man bis heute in Mandalay oder Taungoo in der Realität sehen kann, war der Stadtgrundriss von Hanthawaddy schachbrettartig angelegt, im Zentrum die Palastanlage, von
einem äußeren Wassergraben und einer Befestigungsmauer umgeben
sowie in regelmäßige Quartiere aufgeteilt. Über 20 Stadttore war der
Zugang möglich. Der Grundriss von Bago ist heute kaum noch im
Gelände erkennbar.

Adresse 96°29'35.28" E 17°19'49.2" N, Bago | **Anfahrt** östlich des AH 1 National Highway, südlich der Shwemawdaw-Pagode, Zufahrt von Norden über die Bago-Khayan-Thongwa Road in die Myin Taw Thar Road zum Palastgelände, Golden Palace | **Öffnungszeiten** täglich 9–17 Uhr, Eintritt 4 US-Dollar, Ticket nicht für archäologische Zone gültig | **Tipp** Die Besichtigung des Palastes ist gut zu kombinieren mit dem Besuch der Shwemawdaw-Pagode, der Shwethalyaung-Pagode mit dem zweitgrößten liegenden Buddha der Welt und der Kyaikpun-Pagode (Vier-Gesichter-Pagode).

10_Die Kyaikpun-Pagode
Vier Buddhas mit Weltsicht

Südlich von Bago, etwas abseits der Straße, blicken vier Rücken an Rücken sitzende, 30 Meter hohe Buddhafiguren ins Land, jede in eine Himmelsrichtung. Gautama, auf dessen Lehre sich der heutige Buddhismus beruft, richtet sich nach Norden, die anderen sind seine Vorgänger. So blickt Kakusandha nach Osten, Konagamana nach Süden, Kassapa nach Westen. Zusammen bilden sie den Alles-sehenden-Buddha, wie er auch von einzelnen Stupas in Nepal bekannt ist. Die Kyaikpun-Pagode wurde 1476 in König Dhammazedis Regierungszeit errichtet. Renovierungen lassen mit kräftigen Farben Gesicht (weiß), Mund (rot) und Augen (schwarz) sowie die mit Spiegeln belegten Fingernägel hervortreten.

Die vier Buddhas vermitteln einen Einblick in das zyklische Welt- und Geschichtsbild des Buddhismus. Entstehen, Werden, Sein und Vergehen des Kosmos werden als ein Weltenzeitalter (Äon, *kalpa*) angesehen, dem mit dem Wiederentstehen des Kosmos das nächste folgt. Kakusandha gilt nach buddhistischer Überlieferung als der erste Buddha des derzeitigen Weltenzeitalters (*badhrakalpa*), gefolgt von Konagamana und Kassapa. Diesem wiederum folgt Gautama, der seinerseits von Maitreya abgelöst werden wird, ehe das Weltenzeitalter zu Ende geht. Zugleich ist Kakusandha der 25. von 29 namentlich bekannten Buddhas, der fünfte von den sieben Buddhas des Altertums. Die Omnipräsenz der Buddhafiguren mahnt die Menschen, der Lehre zu folgen und an der Vervollkommnung der eigenen Situation zu arbeiten, das eigene *karma* zu verbessern.

Bago war 1365 unter König Byinnya U zur Hauptstadt der aus dem Mon-Reich erwachsenen Hinthawady-Dynastie geworden und erlebte danach seine größte Blüte. König Dhammazedi (Regierungszeit 1472–1492) baute die Stadt weiter aus, und das bedeutete auch, dass zahlreiche Kultstätten in und bei der Siedlung entstanden. 1476 wurde die Kyaikpun-Pagode im freien Land außerhalb der Königsstadt errichtet.

Adresse 96°27'32.42" E 17°18'14.69" N, Bago | **Anfahrt** Kyaik Pun Road, westlich des AH 1 National Highway, circa 3,3 Kilometer südlich der Eisenbahnbrücke | **Öffnungszeiten** ganztägig | **Tipp** Es bietet sich an, den Besuch der Kyaikpun-Pagode mit einer Eisenbahnfahrt von Bago nach Yangon zu verbinden. Sehenswert sind die Bahnhofsgelände in beiden Städten.

11__Moeyin Gyi Wetland

Vogelreservat an der Fernstraße

Die Zufahrt zum Moeyin Gyi (auch: Moe Yun Gyi) Wetland Sanctuary ist leicht zu übersehen, obwohl ein Schild den Weg weist. Er führt in die weite Senke, welche vom 1978 angelegten, allmählich verlandenden Moeyin-Gyi-Stausee eingenommen wird. Dessen nordwestlicher Teil wurde 1986 zum Schutzgebiet erklärt, gemäß der internationalen Konvention für Feuchtgebiete (Ramsar-Konvention), weil hier Millionen von Zugvögeln auf ihrer weiten Reise eine Rast einlegen und Nahrung finden können. Der flache See ist mit seinen kaum am Untergrund festsitzenden, von Pflanzen gebildeten schwimmenden Inseln ein Paradies für die Vogelwelt. Am Eingang zum Schutzgebiet befindet sich ein kleines Informationszentrum, das mit Karten und Ausstellungsobjekten in den Naturraum des Reservats einführt.

Mit einem kleinen Motorboot tuckern Sie auf die amphibische Landschaft zu. Dort, wo größere zusammenhängende Areale mit Wasserpflanzen bedeckt sind, schaltet der Bootsführer den Motor aus, lässt das Boot treiben oder stakt es durch das scheinbare Dickicht, das sich dem Boot genauso schnell öffnet, wie es sich hinter ihm schließt. Einzelne Störche, Reiher und Pelikane sind die ersten größeren Tiere, die man zu Gesicht bekommt, ehe sich wieder und wieder Schwärme von Hunderten Vögeln erheben und erneut niederlassen. Die Liste der zu beobachtenden Vögel ist lang: Zwergtaucher, Grau- und Purpurreiher, Saruskranich, Silberklaffschnabel, Brandente, Purpurhuhn, Graupelikan, Blatthühnchen, Stelzenläufer und der Große Kormoran sind zu sehen.

Dann wird ein Abschnitt von Lotospflanzen gequert, und man sieht, wie einzelne Wassertropfen über die wasserabweisende Blattoberfläche zu rollen scheinen. Eine kleine Pagode scheint auf dem Wasser zu schwimmen, und nur die Rauchfahne einer Fabrik am Nordufer des Sees erinnert daran, dass das Gebiet um den Stausee relativ dicht besiedelt ist.

Adresse 96°34'49.44" E 17°35'25.96" N | **Anfahrt** Abfahrt von der AH 1 nach circa 30 Kilometern nordnordöstlich von Bago-Zentrum im Dorf Botesu (circa 1,5 Kilometer nordöstlich von Pyinbongyi), dann 1,2 Kilometer auf unbefestigter Straße bis zum Parkplatz, 500 Meter zu Fuß bis zum Moeyin Gyi Wetland Resort | **Tipp** Sie können im Reservat übernachten, um am frühen Morgen mit dem Fernglas die Vogelwelt zu beobachten. Bootsanlegestelle, Café, Restaurant und Unterkünfte in Bungalows (zwei Kategorien) bilden das Ausgangszentrum für alle Aktivitäten (Moeyin Gyi Resort, Tel. +95/052/70113, +95/09/73071709).

12__115 Miles

Treffpunkt des Landes

Der große Parkplatz an der Autobahn Yangon–Nay Pyi Taw–Mandalay hat zwei Gesichter: Tagsüber ist er eher mäßig frequentiert, und es sind vor allem Pkws, die unter den gegen Sonne und Regen schützenden Dächern abgestellt werden. Anders in der Nacht, wenn die Fernbusse hier stoppen, um Fahrern und Fahrgästen eine kurze Pause zu gönnen. Dicht gedrängt, aber in geordneter Reihe sammeln sich hier die Busse, denen die Autobahn zu gehören scheint. Im Nu entlädt sich ein Bus nach dem anderen, die Fahrgäste nutzen die Zeit zu einem kurzen Besuch in einem der zahlreichen Restaurants, um eine Erfrischung oder auch eine kleine Mahlzeit zu sich zu nehmen. Das Kommen und Gehen der Schlaftrunkenen belebt die weite Fläche, die Restaurants sind gut besetzt und bemühen sich um rasche Versorgung, denn die Pausen dauern nur 30 Minuten. So schnell, wie sie gekommen sind, fahren die Busse dann weiter, nach Süden Richtung Yangon oder nach Norden Richtung Nay Pyi Taw und Mandalay, oft viel weiter in alle Landesteile.

Die Autobahn wurde zwischen den Jahren 2005 und 2010 im Zuge der Hauptstadtverlegung von Yangon nach Nay Pyi Taw gebaut. Der Plan eines »zentralen Transportrückgrats« im Land ist aber älter: Anfang der 1950er Jahre sah der Pyidawtha-Entwicklungsplan bereits den Bau einer solchen Nord-Süd-Achse zwischen den führenden Zentren Yangon und Mandalay vor. Sie dient dem Personenverkehr, denn gewöhnlicher Lastwagenverkehr ist nicht zugelassen und muss auf die schlechter ausgebaute östlich liegende Fernstraße ausweichen. Nutzungsbeschränkungen und Mautgebühren schaffen eine Zwei-Klassen-Gesellschaft im Straßenverkehr, halten langsame Fahrzeuge fern, ermöglichen aber eine schnelle Anbindung der wichtigsten Städte: Für die 625 Kilometer zwischen Yangon nach Mandalay benötigen Expressbusse gerade einmal acht Stunden, für die 370 Kilometer zwischen Yangon und Nay Pyi Taw fünf Stunden.

Adresse 96°23'22.86" E 18°30'32.82" N | **Anfahrt** 115 Meilen nördlich von Yangon am Yangon-Nay Pyi Taw Expressway, Nähe Phyu Town | **Tipp** Man kommt mit den Fernbussen inzwischen bequem in sämtliche größeren Städte des Landes. Aber Vorsicht: Die Expressbusse sind klimatisiert und dadurch empfindlich kalt – warme Jacke, Schal und Mütze sind unbedingt anzuraten.

13 Hluttaw

Das Herz der Staatsregierung

Am 6. November 2005 wurde die Hauptstadt Myanmars von Yangon nach Nay Pyi Taw verlegt. Die Gründe waren vielfältig: In Yangon siedelten sich immer mehr Unternehmen an, die eine Konkurrenz auf dem Immobilienmarkt darstellten, sodass die Regierungsgebäude in der Stadt kaum zu erweitern waren; zugleich nahm der Straßenverkehr derart zu, dass Termine nicht fristgemäß einzuhalten waren; Unruhen an der Peripherie das Landes bedrohten auch in der bisherigen Hauptstadt die innere Sicherheit; zudem wünschte man eine stärkere Trennung von Staat und Wirtschaft. In den zentralen Ebenen, auf etwa halbem Weg zwischen Yangon und Mandalay, bot sich eine große Fläche neben mehreren bestehenden Siedlungen als Baugrund an; die Shanberge sowie die entscheidende Ost-West-Verbindung liegen nah. Schließlich darf nicht übersehen werden, dass die Verlegung von Hauptstädten in Myanmar »Tradition hat«: Bei dynastischem Wechsel wurde in der Geschichte vielfach ein neuer Regierungsstandort gesucht. Bagan, Taungoo, Bago, Pyay, Amarapura, Mandalay, Yangon stehen in der Reihe von Hauptstädten vor Nay Pyi Taw.

Die Stadt ist außerordentlich weitläufig auf Zuwachs angelegt: Breite Straßen verbinden die Ministerien, Wohngebiete, Hotel- und Wirtschaftszonen und Erholungsgebiete. Als Verkehrsmittel ist das Automobil vorgesehen, doch ist derzeit – ganz im Gegensatz zu Yangon – der Straßenverkehr überschaubar. Immerhin ist die Stadt nach den Zensusangaben auf 1,2 Millionen Einwohner gewachsen, wobei vermutlich zahlreiche Zweitwohnsitze mitgezählt werden.

Im Zentrum der Stadt befindet sich das Parlament, der Hluttaw. Es besteht aus dem Repräsentantenhaus (Pyiuthu Hluttaw), dessen 440 Mitglieder zu drei Vierteln gewählt und zu einem Viertel vom Militär ernannt werden, und der Versammlung der Union (Pyidaungsu Hluttaw) als Kammer der Verwaltungsregionen und nationalen Staaten Myanmars.

Adresse 96°6'18.4" E 19°46'31.92" N, Zeya Theiddhi Ward, Yaza Tarni Road, Nay Pyi Taw |
Öffnungszeiten nur von außen zu besichtigen | Tipp Erkunden Sie die Wohngebiete im
Stadtteil Ottarathiri von Nay Pyi Taw; im Gegensatz zu den leeren Straßen wird hier die
Stadt sichtbar. Verbunden werden kann dies mit einem Besuch im Shwe Pu Zun (Café und
Bäckerei).

14 Die Uppatasanti-Pagode

Innen begehbar

Zu einer Stadt gehört eine Pagode, zu einer bedeutenden Stadt dementsprechend eine große Pagode. Im Zuge des Baus der neuen Hauptstadt von Myanmar nach 2002 wurde die Uppatasanti-Pagode im traditionellen Mon-Stil auf einem Bergrücken zwischen dem zivilen und dem militärischen Teil von Nay Pyi Taw angelegt. Sie folgt damit dem Design der Shwedagon-Pagode, die die Uppatasanti-Pagode nur um einen Meter überragen soll. Nach feierlicher Grundsteinlegung im November 2006 wurde das Bauwerk schon drei Jahre später fertiggestellt. Uppatasanti bedeutet so viel wie »Frieden« oder »Schutz vor Unglück«.

Der Besucher gelangt über eine breite Treppe oder einen Aufzug von Osten her auf eine weite, freie, von weißen und schwarzen Kacheln bedeckte Plattform. Von hier hat man bei guter Fernsicht einen ausgezeichneten Überblick über die Ausdehnung Nay Pyi Taws zwischen den steilen Flanken des Shan-Gebirges über die Ebene des Sittaung bis fast zum Bago-Gebirge. Im Unterschied zur Shwedagon- ist die Uppatasanti-Pagode im Inneren begehbar. Durch einen der vier von Staffeldächern gekrönten Eingänge betritt man den Innenraum, wo Gläubige den Buddha-Figuren an der mächtigen zentralen Stützsäule huldigen.

Tafeln erinnern an die Vier Edlen Wahrheiten der Lehre des Buddha. Die erste Wahrheit richtet sich auf die Existenz des Leidens, dem alle Wesen unterworfen sind. Die zweite lehrt, dass die Ursache allen Leidens das Festhalten an Vergänglichem ist. Die Aufhebung des Leides, so die dritte, kann erreicht werden, wenn man sich von allem Vergänglichen befreit. Der Weg, den Menschen gehen müssen, um sich vom Leiden zu befreien, ist die vierte Wahrheit: der Edle Achtfache Pfad. Er kann sich über mehrere Leben und Wiedergeburten erstrecken. Der sogenannte Mittlere Weg, zwischen Entbehrung und Materiellem, führt zur Beendigung des Zyklus der Wiedergeburt, ins Nirwana.

Adresse 96°10'58.77" E 19°46'15.74" N, Nay Pyi Taw | **Anfahrt** nördlich der Yaza Htarni Road, in der Nähe des Yeypyar-Golfplatzes | **Öffnungszeiten** Die Pagode ist ganztägig geöffnet. Der Besuch morgens am Wochenende ist besonders empfehlenswert, abends lockt die starke Beleuchtung Insekten wie riesige Käfer und Heuschrecken an. | **Tipp** Am Fuße der Pagode kann man an Straßenständen lokale Snacks und Souvenirs erwerben.

15 — Die weißen Elefanten

Symbol politischer Legitimation

Elefanten sind grau, sehr, sehr selten weiß. Fünf dieser besonderen Prachtexemplare befinden sich am Fuß der größten Pagode der neuen Hauptstadt Nay Pyi Taw in einem eigenen Unterstand und werden umsorgt, verwöhnt und bestaunt. Drei weitere leben im Royal White Elephant Garden in Yangon. Besucher können sie mit Zuckerrohr- und Bambusstangen füttern.

Viele weiße Elefanten sind Albinos, ihnen fehlen Pigmente. In Wirklichkeit sind sie rosa, haben helle Haut, weiße Augenlider und Fußnägel. Die in Nay Pyi Taw lebenden Exemplare stammen aus den Wäldern des westlichen Ayeyarwady-Deltas und den Rakhine-Bergen.

In der indischen Mythologie ritt Gott Indra einen mächtigen weißen Elefanten. In den buddhistischen Monarchien Festland-Südostasiens wurden weiße Elefanten als heilig angesehen, sie waren Symbole königlicher Macht und Gerechtigkeit. Ein Herrscher, der viele weiße Elefanten besaß, konnte sich rühmen, sein Volk in Frieden und Wohlstand zu wissen; bis heute glauben viele, dass sie eine glückliche Zukunft bedeuten. Ein weißer Elefant schmückte etwa die Flagge des Königreichs Siam. Abbildungen der Tiere finden sich auf den Wandmalereien zahlreicher Paläste, Klöster und Tempel. Als »Hsinbyushin« – »Herr des weißen Elefanten« – wurde in der Konbaung-Dynastie in Zentral-Myanmar ein Herrscher adressiert.

Weiße Elefanten dürfen nach alter Tradition nicht in menschlichen Diensten arbeiten, man kann sie auch nicht kaufen oder verkaufen, bestenfalls verschenken. Wer einen weißen Elefanten geschenkt bekam, war zweifellos ein Günstling von Königs Gnaden, aber er musste teuer für das Geschenk sorgen. So bürgerte sich seit dem 16. Jahrhundert im Englischen ein, dass man unter einem »white elephant« etwas Teures, Nutzloses versteht. Unrentable, prestigeträchtige Großprojekte – wie unternutzte Flughäfen, Staudämme oder Fußballstadien – werden auch als weiße Elefanten bezeichnet.

Adresse 96°11'7.05" E 19°46'15.87" N, Nay Pyi Taw | Anfahrt nördlich der Yaza Htarni Road, an der Ostseite der Uppatasanti-Pagode | Öffnungszeiten ganztägig | Tipp Im Umfeld gibt es kleine Stände, an denen Zuckerrohrstücke zur Verfütterung an die Elefanten verkauft werden.

16 Das Gems Museum
Klunker zum Sattstaunen

Das Edelsteinmuseum in Nay Pyi Taw ist gleichermaßen ein Ort zum Staunen und zum Kaufen. Während das eigentliche Museum eine beeindruckende Sammlung an Edelsteinen und Mineralien sowie daraus gefertigten Kunstwerken bereithält, bieten im Erdgeschoss zahlreiche Händler in kleinen Verkaufsständen Produkte, die wohl eher der Massenware zuzuordnen sind, als dass es sich um exquisite Unikate handelt.

Wer sich auf das Studium der Geologie und Mineralogie Myanmars einlässt, muss sich auf eine komplexe Struktur gefasst machen. Die von Norden nach Süden verlaufenden westlichen Gebirgszüge sind Ausläufer des Himalaya, während es sich beim Shan-Bergland um einen im Erdaltertum gefalteten und später herausgehobenen Teil der Erdkruste handelt. Dort haben sich unter Druck und hohen Temperaturen aus zirkulierenden Schmelzen die Edelsteine gebildet, die heute so begehrt sind, von Diamanten über Rubine, Smaragde, Saphire, Jade, Turmalin bis hin zu Spinell, Amethyst und Topas. Sie sind ein wichtiger Exportartikel. Mogok und Hpakant sind Zentren für Abbau und Handel.

Etwa die Hälfte der Ausstellungsfläche des Museums dient der Systematik der Minerale und anderen Ausgangsstoffen für Schmuckstücke (etwa Perlen), wobei spektakuläre Einzelstücke wie die größte Perle oder der größte Rubin der Welt ausgestellt sind. Eindrucksvoll sind auch die Beispiele für die kunstvolle Verarbeitung des Materials. Zum großen Teil handelt es sich um historische Stücke, die einmal als Geschenk für einen Machthaber oder mit religiösem Hintergrund angefertigt wurden. Manches Kunstwerk mag nicht dem westlichen Geschmack entsprechen, aber lassen Sie sich von der feinen Bearbeitung beeindrucken. Außerordentlich viel Kreativität, Kunstfertigkeit und Handarbeit steckt dahinter! Rahmenbedingungen und Technologien des Abbaus und der Verarbeitung werden leider nicht gezeigt.

Adresse 96°6′56.95″ E 19°44′38.06″ N, Nay Pyi Taw | **Anfahrt** östlich der Yaza Thingaha Road, in der Nähe des Kreisels zur Taungnyo Road, nordwestlich vom Thabyaygone Market | **Öffnungszeiten** täglich außer Mo und nationalen Feiertagen 9.30–16 Uhr | **Tipp** Mehrere Restaurants in der Nähe des Thabyagone Market liegen auf Erhöhungen und bieten einen Ausblick auf den Water Fountain Garden und den National Landmarks Garden.

17___Das Marionettentheater
Wo die Puppen tanzen

Der alte Herr ist mit allen Sinnen und ganzer Passion dabei, führt die Marionetten mit dem Fadenkreuz in der linken und manipuliert die Fäden mit der rechten Hand. Mit 11 bis 16 Fäden bewegt er die menschlichen Figuren. Das kleine Theater zählt noch zu den wenigen authentischen Spielstätten; die mehr als 500-jährige myanmarische Tradition wird hier in Familienhand bewahrt. Mit der unteren Bühne, auf der die Marionetten tanzen, und der Empore, von der die Puppenspieler sie dirigieren, und einigen Sitzreihen für die Besucher bleibt nur wenig Platz für das klassische Orchester. U Pan Aye und U Shwe Nan Tin, die alten Puppenmeister, begrüßen die Gäste persönlich.

Marionettentheater wird erstmals 1444 in einer Inschrift des Htupayon-Stupa in Sagaing erwähnt. Im 18./19. Jahrhundert wurden in die klassisch-burmesischen auch höfisch-siamesische Elemente integriert. Während der Konbaung-Dynastie avancierte das Marionettentheater zur führenden darstellerischen Kunst des Landes; zur Kontrolle der Puppenspieler wurde ein eigenes Theaterministerium etabliert. Die Marionettenspieler genossen hohes Ansehen, brachten sie doch den Zuschauern religiöse Inhalte nahe. Primär diente das Puppenspiel nämlich nicht der Unterhaltung, oft dauerte es bis tief in die Nacht.

Das traditionelle Marionettentheater beginnt mit der Schöpfung, symbolisiert durch eine musikalische Ouvertüre, gefolgt vom Auftritt der Geistermedien als erste Bewohner der Welt. Ihnen folgen übernatürliche Wesen, so der Magier, und Tiere, zuerst das Pferd, das vom Himmel auf die Erde fliegt. Affen, Vögel, Tiger, Elefanten folgen und zuletzt Menschen. Es gibt einen König, Minister und den Brahmanen. Weder dürfen der Affenkönig oder die Himalayaszene fehlen noch die Schlacht des Guten mit dem Dämonen, und auch nicht der Alchemist, Zaw Gyi, der im Wald lebt. Hauptfiguren sind immer ein Prinz und eine Prinzessin.

Adresse 96°6'24.36" E 21°58'50.75" N, 66th Street, Mandalay | **Anfahrt** zwischen 26th und 27th Street | **Öffnungszeiten** vor Ort nach den Öffnungszeiten erkundigen | **Tipp** Direkt neben dem Marionettentheater bietet ein einfaches, offenes Garagen-Restaurant, das Shwe Pyi Moe Café, gute, authentische Mandalay-Küche.

18_Der geologische Garten
Steinreich lehren

Vielleicht wird man am Eingang der Universität gefragt, wohin man gehen möchte, aber je mehr Besucher nach dem Geologischen Garten fragen, desto gewohnter dürfte es für die Bediensteten werden, sie zu dem wahren Kleinod zu leiten – dem ersten seiner Art in Myanmar. Er wurde 2017 durch die Zusammenarbeit von Professoren und ehemaligen Absolventen des Instituts aus Anlass des 63. Gründungsjubiläums des Geologischen Departments geschaffen.

Was kann man sich unter einem Geologischen Garten vorstellen? Hier werden Steine ausgestellt, fast 150 unterschiedliche Arten mit zusammen mehr als 80 Tonnen Gewicht. Ein durchaus praktisches Museum: Man muss keine Ausstellungsgegenstände in Glasvitrinen bewachen, braucht kein eigenes Gebäude. Vielmehr liegen die Gesteinsbrocken in sinnvoller Ordnung in schön gestaltetem Ambiente angeordnet und können angefasst, betastet werden. Im Eingangsbereichs findet man Gesteine vulkanischen Ursprungs: Basalte und Mikrogranite, Gabbro aus Mogok, Hornblende, Serpentinite und Turmaline – und einen beeindruckenden Säulenbasalt vom Twin Taung-Vulkan mit einem Alter von mehr als 440.000 Jahren. Im mittleren Bereich des Gartens liegen Sedimentgesteine: 550 Millionen Jahre alte Grauwacke aus der Gegend von Myogyi, Kalkgesteine, teils mit großen Fossilien, Dolomit, triassischer Alabaster, Sandstein und Kiesel aus Myitsone. Metamorphisches Gestein ist am Ende des Gartens ausgestellt: Jadeitite aus Hpakant, Augengneiss, Biotite, Phyllite. Und es gibt, separat vor dem Gebäudeeingang, eine erlesene Sammlung versteinerten Holzes und wertvoller Mineralien.

Man wollte für die Studierenden einen Klassenraum unter freiem Himmel schaffen, um Geologie greifbar zu machen. Zu Recht beanspruchen die Initiatoren, dass der Garten, bestückt mit Material aus den verschiedensten Landesregionen, ein nationales Juwel ist: der Union Rock Garden.

Adresse 96°5'38.85" E 21°57'26.27" N, University of Mandalay, Mandalay | **Anfahrt** Einfahrt in den Campus von der AH 1 auf die University Road, Zufahrt auf das Hauptgebäude, dann nach Norden abbiegen und hinter der Mandalay University Library zum Geologischen Institut | **Öffnungszeiten** ganztägig | **Tipp** Besuchen Sie auch das Main Office Building der Universität am Geologischen Garten mit der Büste des Gründers der Universität, U Ko Lay, vor dem Head Office.

19__Die Bronzegießer

Die Letzten ihrer Art

Man sagt, es sei die letzte Bronzegießerei in Myanmar. Eine auf den ersten Blick unscheinbare Werkstatt unter freiem Himmel. Der Besitzer bearbeitet Bestellungen aus aller Welt: Vietnam, Korea, Deutschland. Erst wird der Glockenkern erstellt und nach dem Trocknen geglättet. Auf diesen trägt man Lehmschichten auf, die »falsche Glocke«, das Gegenstück der späteren fertigen Glocke. Es folgt eine Wachsschicht, so geformt wie das spätere Produkt. Darauf wird aus feinem Lehm der Glockenmantel gelegt. Anschließend brennt man die Form aus – acht bis zehn Stunden lang bei 600 und 800 Grad Celsius. Das Wachs schmilzt und hinterlässt einen Hohlraum. Nach dem Erkalten hebt man den Glockenmantel von der Form, zerschlägt die falsche Glocke, setzt den Mantel auf – und gießt den Hohlraum mit der hoch erhitzten flüssigen Bronze aus. Nach langer Abkühlzeit schlägt man den Mantel ab, entnimmt die Glocke, schleift und poliert sie, oft wochenlang – und hofft auf den richtigen Ton.

Mandalay ist das alles andere überstrahlende Zentrum der Handwerkskunst des Landes. Kein Wunder: Hier residierten die letzten Könige, hierher wurden die Künstler verschleppt, die, im Zuge gewonnener Kriegszüge gefangen genommen, von da an für den Hof tätig waren. Im Himmel des Kunsthandwerks findet man Silber- und Goldschmiede, Weber, Holzschnitzer, Steinmetze, Juweliere und Goldblattschläger. Lokale Besonderheiten sind feine Perlenstickerei, die Herstellung von Marionetten und Wandbehängen und mit Pailletten benähte Gewänder.

Es gibt keine statistischen Daten, zumeist wird Handwerk in der amtlichen Berichterstattung zur wirtschaftlichen Leistungskraft einer Stadt noch nicht einmal erwähnt. Anders als andere Staaten besitzt Myanmar noch enormes, lebendiges und intaktes traditionelles Wissen zum Handwerk – neben dem Rohstoffreichtum das größte endogene Potenzial im aktuellen Transformationsprozess.

Adresse 96°4'28.06" E 21°56'9.17" N, Mandalay | **Anfahrt** südlich der Kandawgyi Pat
Road, am östlichen Seeufer auf der Mandalay-Shwebo Road nach Süden, erste Straße
nach Osten, zweite Straße nach Süden, Gießerei nach circa 100 Metern an der Ostseite der
Straße | **Öffnungszeiten** Besichtigung nach Absprache oder mit Fremdenführer | **Tipp**
Weitere Handwerke sind entlang der Straße zu entdecken, zum Beispiel Holzschnitzer und
Wandteppich-Hersteller (Myanmar Tapestry).

20 — Das Ochsen-Taxi

Ziegelsteinlager, Riesen-Glocke und weißer Berg

Von Mandalay mit dem Charterboot in circa 1,5 Stunden zu erreichen, liegt das Dorf Mingun, welches nicht nur einzigartige Sehenswürdigkeiten bietet, sondern auch eine besondere Art ihrer Erkundung ermöglicht. Anstelle einer schweißtreibenden Fußexkursion bieten sich Ochsen-Taxis an: Das ist eine langsame und harte, weil ungefederte, jedoch beschattete Alternative. Erster Stopp der Ochsen-Tour ist der Sockel der nie fertiggestellten Pahtodawgyi-Pagode, seit dem Erdbeben von 1838 ein gigantisches, mit Spalten und Rissen durchzogenes, etwa 50 Meter hohes Ziegelsteinlager. Lohnenswert ist eine Umrundung der fast 5.000 Quadratmeter großen Ruine, um eine Vorstellung von den gigantischen Ausmaßen zu gewinnen: Der Erbauer, König Bodawpaya, hatte – zu der damaligen Zeit leicht größenwahnsinnig – eine mehr als 150 Meter hohe Pagode geplant, die die höchste der Welt werden sollte. Eine Besteigung des unvollendeten Plateaus ist seit dem starken Erdbeben von Shwebo 2012 leider nicht mehr möglich.

Gut 250 Meter weiter nördlich hält das Ochsen-Taxi an der zweitgrößten klöppellosen Glocke der Welt. Ein besonderes Klangerlebnis besteht, wenn man ins Innere des Glockenraums kriecht und die freischwingende, 87 Tonnen schwere Glocke in buddhistischer Tradition mit einem dicken Holzstab angeschlagen wird.

Weitere 300 Meter nördlich befindet sich die 1816 erbaute, strahlend weiße Hsinbyume-Pagode. Sie symbolisiert den Berg Meru, in der indischen Kosmologie das Zentrum der Welt. Sieben gestaffelte Terrassen stehen für die ihn umgebenden Sphären des Weltenmeers. Sieben Treppen führen hinauf zum zentralen Stupa, dem Sitz des Himmelsgottes Indra.

Auf dem gemächlichen Weg zurück zur Bootsanlegestelle sollte man einen Halt bei den gigantischen Steinruinen der Chinthes am Zugang zur Pahtodawgyi-Pagode einlegen. Sie sind beschützende, löwenähnliche Kreaturen, aus Ziegeln erbaut und mit Stuckmörtel überarbeitet.

Adresse 96°1'12.01" E 22°2'53.48" N, Mingun | **Anfahrt** mit dem Auto/Motorrad von Sagaing, mit dem Boot von Mandalay, Dauer circa 1,5 Stunden, bei Ankunft in Mingun stehen Ochsen-Taxis bereit | **Öffnungszeiten** ganztägig | **Tipp** Ein Besuch des Dorfes lohnt sich, beobachten Sie das Leben am Flussufer des Ayeyarwady und schauen Sie sich das maßstäbliche Fünf-Meter-Modell der geplanten Pagode circa 300 Meter südöstlich der Pahtodawgyi-Pagode am Flussufer an.

21 Sagaing Hill
Meditativer Blick in die Ferne

Von der Soon U Ponya Shin-Pagode aus kann man einen atemberaubenden Blick über den Ayeyarwady genießen. Die gepflegte Pagode mit der majestätischen weißen Buddhastatue, den tausendfach verspiegelten Hallen, den bunten, kühlen Kacheln und den sauber angestrichenen Geländern, in denen in montierten schmiedeeisernen Lettern die Namen der zahllosen Spender aus allen Landesteilen zu lesen sind, lädt zum langen Verweilen ein. Familien verbringen hier die Feiertage, erst wenige Reisende, zumeist Tagestouristen von Mandalay aus, haben sie entdeckt. Gut 240 Meter über dem Fluss streift der Blick über die riesige Weite des Ayeyarwady – besonders in der Regenzeit. Dann erreicht der Fluss mit seinen überschwemmten Flussarmen und -auen bei Sagaing bis zu drei, westlich von Mandalay bis zu fünf Kilometer Breite. Eine grandiose Flusslandschaft bietet sich dem Besucher, mit sattgrünen Bäumen, dazwischen zahllose weiße und goldene Pagoden, mit großen, schwer beladenen Schiffen – und im Süden den beiden berühmten Brücken. Die alte Ava-Brücke wurde 1934 unter den Briten gebaut, nach dem Krieg 1954 wieder aufgebaut; die neue Ayeyarwady- oder auch Yadanabon-Brücke mit den drei großen Bögen von 2002 bis 2008. Auf ihnen konzentriert sich der gesamte Straßen- und Eisenbahnverkehr über den Strom hinweg.

Die regelmäßigen monsunalen Überschwemmungen des Ayeyarwady bedeuten für die Menschen, die in den Flussauen und -niederungen siedeln, dass sie zeitweise in die höher liegenden Bereiche umziehen müssen. Deshalb sieht man am Ende der Monsunzeit zahllose Hütten direkt neben den großen Straßen, die zum Schutz vor Überschwemmung auf Dämmen angelegt wurden. Bei den einfachen Behausungen handelt es sich somit nicht um Slums in der Peripherie der Stadt, sondern um den saisonalen Umzug auf hochwassersichere Standorte. Manche Familien bringen auch ihr Vieh mit; ihre Zeburinder grasen die Dämme frei.

Adresse 95°59'33.6" E 21°54'6.8" N, Soon U Ponya Shin-Pagode, Sagaing | **Anfahrt** nur mit Auto oder Motorrad zu erreichen, auf dem Bergrücken liegend | **Öffnungszeiten** ganztägig | **Tipp** Unternehmen Sie eine Wanderung zu den vielen kleinen Klöstern auf dem Bergrücken (Achtung: keine Beschilderung wie in Deutschland vorhanden).

22 Die Jadeperlenherstellung

Die Runden vom Rüttelbrett

Wie bekommt man massenhaft Eckiges rund? Die Antwort auf diese wichtige Frage lautet: mit einem schleifenden Rüttelbrett. Und das geht so: Wer Perlen haben möchte, muss große Jadesteine klein und rund machen. Während das Zuschneiden der Steinblöcke noch relativ einfach geht – man muss sie nur mit Schneidrädern in Scheiben, zuletzt in Würfel zerlegen –, bringt einen das allein in Bezug auf die Größe tragbarer Perlen weiter. Man erhält jedoch nur kleine Quader, noch keine Perlen. Runden kann man sie mit Steinpoliertrommeln, Poliermaschinen – oder notfalls, aufwendig und gefährlich für die Fingerkuppen, mit Feilen und Schleifpapier. Anderswo im Land, in Mogok etwa, klebt man Jadestückchen zum Schleifen mit Wachs auf Bambusstäbchen. Im Ergebnis erhält man Einzel-, keine Massenware.

In Sagaing verwenden findige Handwerker ein besonderes Instrument (ob sie es auch erfunden haben, ließ sich nicht ermitteln; zumindest wurde eine Grundidee optimiert): Sie legen die Jadewürfel locker in ein metallenes Kästchenraster, das außen von einem Eisenring eingefasst ist, und legen dies auf eine rotierende Schleifscheibe. Mit etwas Druck von oben und waagerechten wie senkrechten Rüttelbewegungen, durch die die nur locker in den Kästchen liegenden Jadequader immer in eine andere Position gebracht werden, schleifen sich die Quader unter Zugabe von Wasser gleichmäßig rund. Dann muss man die frisch gerundeten Jadeperlen nur noch polieren, ehe sie die Werkstatt verlassen und in den internationalen Handel gelangen. Der letzte Schliff jedoch wird den Perlen nicht mehr in Sagaing, sondern in Spezialwerkstätten in Mandalay, Bangkok oder China gegeben. Denn Jade ist empfindlich. Es handelt sich entweder um Nephrit, wegen des Minerals Aktinolith zumeist grün, aber auch braun und gelb, oder um das seltenere Jadeit. Dies ist glänzender und besteht aus mehreren Mineralien, Pyroxenen; auch sie sind zumeist grün, aber auch weiß, bläulich oder rosafarben.

Adresse 95°58'15.04" E 21°52'43.96" N, Sagaing | Anfahrt an der Hauptstraße vom Bahnhof Sagaing circa 1,5 Kilometer am Myoma Market nach Westen | Tipp In der Nachbarschaft bieten kleine Geschäfte Jadeprodukte zu geringen Kosten an.

23 Der Twin Ywar Lake
Naherholung im Kraterschlot

Wenn man es weiß, erkennt man ihn sofort: fast kreisrunde Form, steil stehender Rand, in der Mitte ein grünlich schimmernder See – ein Krater wie aus dem Lehrbuch. Genau genommen liegt gut 30 bis 60 Kilometer Luftlinie entfernt von Monywa eine südwest-nordöstlich verlaufende, lange Kraterreihe, von denen der Twin Ywar-Krater nur einer ist. Der bis zu gut 200 Meter höchste und größte der Reihe, der Twin Taung-Krater, liegt östlich, die anderen großen Krater westlich des Chindwin-Flusses. Da es keine Anzeichen für eine Eruption während der letzten 10.000 Jahre gibt, spricht man von ruhendem Vulkanismus. Genau genommen handelt es sich bei der Kraterreihe um Explosionskrater aus dem Pliozän und Pleistozän. Vier der Krater enthalten Seen, in denen natürliche Vorkommen der Cyanobakterien Spirulina (manchmal ist auch von Algen die Rede) kultiviert, nach der Ernte getrocknet und zu Nahrungsergänzungsmitteln oder Medizin verarbeitet werden. Die Wasserqualität der Seen ist in den letzten Jahren durch menschliche Übernutzung allerdings stark in Mitleidenschaft gezogen worden, sodass die Spirulina-Ernte zurückgeht.

Für die lokale Bevölkerung stellt der See des Twin Ywar ein wunderbares Naherholungsgebiet dar, in dem man sich an Wochenende zum Picknick trifft oder angelt. In den inzwischen verlandeten Kratern in der Nähe werden Ackerbau und Viehhaltung betrieben.

In Myanmar lassen sich neben den Kraterreihen vielfältige Erscheinungsformen von Vulkanismus beobachten. Bekannt sind vor allem der 1.518 Meter hohe Mount Popa oder der 737 Meter hohe Vulkankegel Popa Taung Kalat, auf dessen Gipfel die Tuyin Taung-Pagode liegt. Der letzte Ausbruch scheint etwa 500 Jahre vor Christus stattgefunden zu haben. Weniger bekannt sind verschiedene Schlammvulkane, etwa bei Minbu (bei Monywa) oder Saichon (bei Kyaukphyu). Sie entstehen durch den Austritt von Methangas aus dem Erdinneren.

Adresse 95°1'17.75" E 22°16'53.66" N | **Anfahrt** von Monywa Zentrum circa 9 Kilometer auf dem Highway nach Nordosten, dann nach Westen über die Chindwin-Brücke, dem Monywa-Kalewa Highway 22 Kilometer folgen, dann auf einer unbefestigten Straße nach Twingon (circa 5,5 Kilometer nach Nordosten) zum Dorf direkt am Kraterrand | **Tipp** Im Zentrum des Ortes gibt es einfache Restaurants mit lokalen Speisen.

24___Das Lackdorf Myinkaba

Der Lack ist dran

Mit großer Präzision und Geschwindigkeit gravieren die jungen Frauen mit einfachen Griffeln filigrane Muster in Schalen und Becher. Seit Generationen kultivieren die ansässigen Familien spezifische Muster, Stilelemente und Ornamentserien. Ansichten von Buddha, mythologische Figuren und Tierkreiszeichen sind ebenso darunter wie Dämonen und Schutzgeister, Tempelgebäude, Tiere, geometrische oder florale Dekors. Seit der Konbaung-Periode (1752–1885) entwickelten sich verschiedene »Künstlerschulen«. Bagan ist bekannt für seine flachgeschliffenen Buntlacke, welche in einzelnen Farblagen nacheinander – unterbrochen von Trocknungszeiten – erarbeitet werden müssen.

Das Dorf Myinkaba, südlich des alten Bagan, zählt zu den profiliertesten Herstellungsorten von Lackwaren: Der überwiegende Teil der Haushalte erzielt zusätzlich zur saisonalen Beschäftigung im Tourismus durch die Lackwarenherstellung überdurchschnittliche Einkommen. Neben der Fertigung von Vorprodukten – etwa der Ernte von Bambus oder der Erstellung von Rohformen – müssen die Lackprodukte durch Auftragen der Lackschichten, Färbung, Schleifung oder Gravur von Ornamenten bearbeitet werden.

Beim Gang durchs Dorf kann man alle Schritte der Herstellung verfolgen: Der giftige Rohlack, gewonnen aus dem wild im Shan-, Chin- oder Kachin-Staat wachsenden Lackbaum (*Gluta usitata*), wird unter Sonnen- oder Wärmelampenbestrahlung viskos gehalten und unter andauerndem Rühren mehrfach durch Stoffsiebe geseiht, dabei von verunreinigenden Stoffen befreit. Der Korpus eines Gefäßes wird glatt geschliffen und poliert. Anschließend werden die Gefäße mit Rohlack grundiert und drei bis 21 Lackschichten aufgetragen, jeweils unterbrochen durch mehrtägiges »Trocknen« in kühlen, für ein Erhärten des Lacks feuchten und staubfreien Kellern, sodass sich der Gesamtprozess der Herstellung über viele Wochen, teils Monate erstrecken kann.

Adresse 94°51'30.61" E 21°9'14.83" N, Myinkaba (Bagan) | **Anfahrt** westlich der Bagan-Chauk Road, nördlich des Manuha-Tempels vor dem Fluss nach Westen auf unbefestigter Straße zu den Lackwaren-Werkstätten im Viertel | **Öffnungszeiten** ganztägig | **Tipp** Zudem kann man in Myinkaba den Manuha-Tempel, den sehr alten buddhistischen Tempel Nan Hpaya, eine Steininschrift und das Handwerk der Sandmaler an der Gu Byauk Gyi-Pagode besichtigen.

25 Der Minensee

Willkommenes Relikt einer missglückten Sprengung

Es hat den Anschein, als liege ein Teil Mogoks idyllisch um einen See. Tatsächlich ist die Wasserfläche jedoch nicht der Rest eines einst größeren, natürlichen Sees, sondern ein unfreiwillig entstandenes Gebilde, das sich heute aber malerisch in das Stadtbild einfügt. Die Suche nach Rubinen und Saphiren wurde schon immer jahreszeitlich durch die monsunalen Regenfälle behindert. Um den ungewünschten Aufstau von Wasser im Byon oberhalb der Stadt abzuleiten, wurden Entwässerungskanäle und -tunnel angelegt. Den bedeutendsten Entwässerungstunnel ließ Anfang des 20. Jahrhunderts der britische Ingenieur A. H. Morgan anlegen. Über anderthalb Kilometer führte dieser Tunnel in 30 Meter Tiefe unter der Stadt durch den Gesteinsuntergrund, verhinderte weitere Überschwemmungen und legte ein neues Abbaugebiet im Tal oberhalb der Stadt frei. 1925 waren die sommerlichen Monsunregenfälle jedoch besonders heftig, sodass es zu Überschwemmungen kam und gravierende Schäden am Entwässerungstunnel entstanden. Daher beschloss man 1925, den Morgan-Tunnel zu sprengen. Einer anderen Erklärung zufolge sprengten ihn die Briten, damit der Abbau nicht anderen in die Hände fallen konnte. Die Folge war, dass das Gelände ungewollt absackte und sich schnell mit Wasser füllte. Der heutige See, unverkennbares Merkmal der Stadtlandschaft, ist der Westteil des damals entstandenen Überschwemmungsgebietes.

Da die unterirdische Entwässerung fehlt, zeigen die Gewässer der Stadt beachtliche Schwankungen. Der Yeni-Fluss, der die östlichen Stadtteile durchfließt, ist ebenso wie der von Nordwesten kommende Yebu in ein betoniertes Bett gezwungen, während der Wasserspiegel des Minensees mit den Witterungs- und Abflussverhältnissen schwankt. Die Nordwest- und Nordostseite des Sees wird von gern frequentierten Restaurants gesäumt, an der Süd- und Ostseite führt die Hauptstraße entlang.

Adresse 96°30'6.19" E 22°55'4.47" N, Mogok | **Anfahrt** südlich des Mandalay-Myitkyina Highway, westlich der Mogok-Kyaukme Road (NH 31), in der Nachbarschaft des Mogok-Hotels | **Tipp** Einen guten Überblick über den See und große Teile der Stadt erhält man, wenn man vom Mogok-Hotel durch das südlich anschließende Wohnquartier zur Padamyar-Pagode aufsteigt. Eine spezielle Atmosphäre zeigt sich am frühen Morgen.

26 Das Felsenkloster

Die 1.000 Buddhas der Chinesen

Eine der Höhlen von Mogok beherbergt das Kloster der 1.000 Buddhas – das einzige, das von der chinesischen Gemeinschaft unterhalten wird. Zehn Nonnen leben hier und kümmern sich um das Kloster und dessen Besucher. Zahllose große und kleine, zumeist identisch aussehende Buddhafiguren stehen auf Altären, in Nischen und hängen bis hoch an den Felsen. Benachbart liegt eine große, mehrstöckige chinesische Sprachschule, getragen von chinesischen Sponsoren. Zu Tagesrandzeiten, an Wochenenden und in den Schulferien erhalten hier mehr als 1.000 Schülerinnen und Schüler Chinesischunterricht, zusätzlich zur normalen Schule.

Die chinesische Gemeinschaft in Mogok und Umgebung soll angeblich bis zu 80.000 Mitglieder umfassen – Genaues weiß man nicht, aber unzweifelhaft sind Reichtum und Einfluss der Chinesen erheblich.

Im 13. Jahrhundert bereits – so berichteten europäische Entdeckungsreisende – handelten chinesische Kaufleute in Mogok Rubine nach Europa. In großer Zahl wanderten chinesische Arbeiter Anfang des 20. Jahrhunderts ein, als sie im Zuge der kolonialen Erschließung der Minen im Bergbau gebraucht wurden. Darunter waren Shan-Chinesen, aber auch zahllose Chinesen aus Yunnan und den Provinzen Guangdong, Guangxi Zhuang und Fujian. Die Zuwanderung erfolgte auf Basis von Hörensagen oder durch systematische Anwerbung. Die Entbehrungen gewohnten, arbeitsamen, loyalen Arbeiter waren bei den Briten sehr geschätzt. Die meisten Chinesen aber sind Nachfahren der Flüchtlinge, die nach 1949 vor den Mao-Truppen nach Myanmar flohen. Heute kommen in unbekanntem Ausmaß Händler und Investoren aus China hinzu, die Rohstoffe kaufen, Waren importieren, Schürfrechte sichern und sich zunehmend, teils in Alleinbesitz oder in Joint Ventures, im Minenwesen engagieren. Diese Unternehmen operieren mit teurer, internationaler Technologie, schwerem Gerät und spezialisierten Fachleuten.

ဘုရားတထောင်
လိုက်ပူ

寶 井
千
佛
洞

Adresse 96°30'31.85" E 22°55'38.38" N, Kloster Phaya Tha Thauk, Mogok | **Anfahrt** am Padamyar-Markt im Aung Chan Thar Ward vorbei nach Nordosten zur auf dem Berg liegenden Mahar Muni-Pagode, Eingang zum Felsenkloster auf der Südostseite in der Nähe der Chinesischen Schule | **Öffnungszeiten** ganztägig | **Tipp** Direkt benachbart ist eine große chinesische Privatschule, sehenswert ist ein Cluster von kolonialen Häusern im Myoma-Ward zwischen Chan Thar Gyi-Pagode und Mogok-See, vor allem im Quartier westlich des Martyr's Monument.

27_Die Edelstein-Bilder

Geschüttelt, nicht gerührt, aber geklebt

Es raschelt in der Tüte, es rieselt aufs Bild: Überall stehen Töpfchen mit farbigen Steinchen, geriebenem Edelsteinsand, Lacken und Kleber. An den Tischen sitzen zumeist Frauen, gebeugt über Unterlagen, auf die sie mit Pinzetten Steinchen für Steinchen aufkleben oder in zu Rollen gedrehten Papiertütchen den Grus aus gemahlenen Edelsteinen auf die entstehenden Bilder schütten. Mit gekonnter Fingerfertigkeit entstehen so über Wochen Motive aller bestellten Art, Form und Größe.

Die Bevölkerung von Mogok lebt fast ausschließlich direkt oder indirekt vom Schürfen, der Weiterverarbeitung und dem Handel von Edelsteinen: Neben den Betreibern von Tagebau und Minen gibt es Hunderte von Handwerksbetrieben, zumeist in Familienhand, in denen Edelsteine geschnitten, geschliffen, poliert und zu Schmuck oder Bildern verarbeitet werden. Zahllose Geschäfte bieten rohe oder bearbeitete Edel- und Halbedelsteine, in Mogok gefertigten Schmuck und verarbeitete Produkte oder Ausrüstungsgegenstände an – wie etwa Pfannen, Schaufeln und Seile zur Förderung, Schneideausrüstungen, Lupen und Messgeräte zum Be- und Verarbeiten der Edelsteine oder Taschen- und Ultraviolettlampen zum Durchleuchten der Funde.

Zu den traditionellen Produkten der Weiterverarbeitung gehören die in manueller Handarbeit gefertigten Edelsteinbilder, die landesweit als beliebte und wertvolle Geschenke ver- und gekauft werden. Ausgangsmaterial sind zum einen kleine Edel- und Halbedelsteine und zum anderen Schleifabfälle, nach unterschiedlichen Steinarten und Farben getrennt, die zu feinem Steingrus gerieben oder zu Puder gemahlen werden. Mit beiden werden arbeitsintensiv farbige Bilder gestreut, gelegt und geklebt. Die Motive reichen von Buddha- oder Heiligendarstellungen über religiöse Stätten, Porträts bekannter Persönlichkeiten oder Postkartenmotiven bis hin zu typischen Landschaften oder Touristenzielen.

Adresse 96°31'2.03" E 22°55'45.82" N, Mogok | **Anfahrt** vom Mogok-See circa 1,5 Kilometer auf dem Mandalay-Myitkyina Highway nach Nordosten, hier nach den Edelsteinwerkstätten fragen | **Tipp** Edelsteinmärkte gibt es als Straßenmärkte (südlich des Mandalay-Myitkyina Highway, zwischen dem Märtyrer-Monument und dem alten Kino) und als großen statio-nären Markt (Gems Bazaar mit vielen kleinen Ständen und offenem Handel nordwestlich des Mandalay-Myitkyina Highway zwischen Peik Swe und dem Aung Chanthar-Kloster am Kanal). Achtung: Edelsteinkauf sollte man nur bei lizenzierten Händlern vornehmen.

28__Die Straßen-Edelsteine

Rubine aus der Tüte

Plötzlich ist die Straße voller Menschen. Wenige Minuten zuvor war hier noch eine ganz normale Straße in einem Wohngebiet, nichts, was darauf hätte deuten können, dass hier wenig später Markt gehalten würde. Verkäufer und Kunden treffen sich, um sich wechselseitig anzusprechen, ungeordnet, scheinbar ungezielt. Ein Markt der Möglichkeiten. Man kommt ins Gespräch miteinander, unumwunden gezielt mit der Frage, was man kaufen möchte, was man zu bieten habe. Schnell wird ausgelotet, ob das Gegenüber ernstes Interesse hat, nur schauen will, überhaupt sachkundig ist in Edelsteindingen. Bald zieht jemand aus der Jackentasche ein schlichtes Papierbriefchen und öffnet den Inhalt: Rubine, Smaragde, Mondsteine – was kostet der Fund?

Täglich finden an mehreren Orten Edelsteinmärkte unter freiem Himmel statt. Dort werden die Funde gehandelt und getauscht. In Kyatpyin finden der »Aung Thit Lwin«-Morgen- und der »Pann Ma«-Nachmittagsmarkt täglich statt. Der Käufer kann die Steine auf Echtheit prüfen, Einzelheiten zum Fundort und den Umständen erfragen, mit Lupen und Ultraviolett-Taschenlampen be- und durchleuchten. Der Aushandlungsprozess kann sich durchaus länger hinziehen, über mehrere Tage, und dabei werden auch weitere Experten eingebunden. Die wertvollen Stücke, roh oder geschliffen, findet man allerdings eher in kleinen Ladengeschäften oder bei spezialisierten Händlern, zu denen man über Mittelsleute Verbindung aufbaut.

Der Verkauf von Edelsteinen an Ausländer ist zwar nur lizenzierten und autorisierten Händlern erlaubt, wird in kleinem Umfang aber auch auf den Straßenmärkten toleriert. Vor Fälschungen braucht man keine Sorge zu haben: Es sind so viele Spezialisten am Ort, denen man nichts vormachen kann, und so viel Echtes ist im Umlauf, dass niemand eine Chance hätte, überhaupt Zutritt zu bekommen, der falsche Ware ins Spiel brächte. Vertrauen ist die höchste Währung.

Adresse 96°31'2.03" E 22°55'45.82" N, Kyatpyin | Anfahrt Kyatpyin Zentrum, Ost-West verlaufende Straße nördlich der Pagode mit den zehn vergoldeten Stupas (westlich der NH 31) | Öffnungszeiten Der Markt findet nur zweimal pro Woche statt, genaue Zeitangaben muss man vor Ort nachfragen. | Tipp Am Westende der Straße befindet sich ein altes Café mit alten Zeitungsberichten an der Wand.

29_Das Bergbaudorf
Nachbarschaft in umgewühlter Ödnis

Die Landschaft in der Umgebung von Mogok ist nach jahrhundertelanger Nutzung durch Bergbau und Holzhandel geprägt und stark geschädigt. Man sieht dies sofort, wenn man an den zahlreichen umgewühlten Tagebaustätten vorbeifährt, an denen Bergbau betrieben wurde oder wird. Man ahnt es nur, wenn man durch die Dörfer und Ortsteile von Mogok geht. Mehrfach mussten Siedlungen im Zuge des expandierenden und wandernden Bergbaus vor allem zu Beginn des 20. Jahrhunderts verlegt und neu gegründet werden. Wenn Häuser ähnlich in Größe und Ausstattung sind, ist dies meist ein Zeichen dafür, dass eine Siedlung zur gleichen Zeit entstanden und oft auch umgesiedelt worden ist.

An vielen Bergflanken zeugen offene Anrisse, Stollenlöcher und abgebaggerte Hänge von intensiver Bergbautätigkeit. Viele Hänge wurden abgeholzt und weisen heute schüttere Sekundär- und Tertiärvegetation auf. Die Holzentnahme reicht bis in die vorbritische Zeit zurück: So mussten etwa die lokalen Herrscher, die Sawbwa, Mitte des 19. Jahrhunderts an König Thibaw jährlich 100 Teakbäume als Palastgeschenk nach Mandalay übersenden. Bodenabtrag und Hangerosion erschweren eine mögliche Wiederaufforstung. Gelegentlich sind agrarische Flächen, teils leicht terrassiert, zu sehen, auf denen Ackerbau betrieben wird; an einigen Hängen findet man noch die traditionelle Taungya-Kultur, die in Myanmar verbreitete Form des Brandrodungsfeldbaus.

Die Bergbautätigkeit führte zur Absenkung des Grundwasserspiegels. Die Trinkwasserversorgung war bereits in britischer Kolonialzeit ein Problem. Bäche und Flüsse entwickelten oft einen veränderten Lauf. In den zahllosen verschlammten Mulden, Erdlöchern und Gruben sammelt sich in der Regenzeit das Wasser – wodurch sich Krankheiten wie Malaria, Denguefieber oder Chikungunya ausbreiten. Für die Rohstoffnutzung zahlen die Menschen einen hohen ökologischen und gesundheitlichen Preis.

Adresse 96°24'27.63" E 22°53'51.63" N, Kyatpyin | **Anfahrt** Kyatpyin, circa 10 Kilometer westlich von Mogok | **Tipp** Die Pint Ku Taung-Pagode bietet sich als Aussichtspunkt oberhalb von Kyatpyin an; sie ist zu Fuß von Süden und Osten zu erwandern, mit dem Auto gelangt man in die Nähe der Pagode.

30__Die Brandrodungsinseln

Hellgrün im Dunkelgrün

Schon die Straße ist bemerkenswert: Zwischen Pyin Oo Lwin und Mogok wurde vor wenigen Jahren eine Straße ausgebaut, die weitgehend dem Kamm eines Gebirgszuges folgt, dabei aber – zur Vermeidung kostspieliger und in der Monsunzeit gefährdeter Brückenbauwerke – kurvenreich und mit zahlreichen kurzen Steigungen und Abstiegen angelegt wurde. Da der Gebirgszug nicht durchgehend bewaldet ist, bieten sich entlang der Straße immer wieder spektakuläre Ausblicke auf die Landschaft; nur wenige Siedlungen nahe der Straße lassen erkennen, dass wir uns nicht im menschenleeren Raum befinden.

Wo in einem Tal die Hänge etwas zurückweichen und ein kleines Becken im Relief bilden, konnte Feinmaterial eingeschwemmt werden und lässt sich Wasser aufstauen. Hier wurden Reisfelder angelegt, deren helles Grün im Kontrast zu den dunkleren, bewaldeten Hängen steht.

Aber auch diese Hänge sind nicht einheitlich: Man erkennt helle Flächen von etwa einem bis drei Hektar Größe, auf denen Bäume fehlen, andere, auf denen Wald nachwächst, und wieder andere, die von Wald bestanden sind. Das sind die Kennzeichen der tropischen Wald-Feld-Wechselwirtschaft beziehungsweise von Brandrodungsfeldbau, in Myanmar Taungya-Kultur genannt: Der Wald wird auf einer solchen Fläche in der Trockenzeit zuerst gerodet, dann gebrannt, um die nährstoffreiche Asche als Düngung für die Pflanzen zu nutzen. Die Brände werden kontrolliert, damit sie nicht ausufern, und zudem lässt man hohe, sogenannte Überhälterbäume während der Rodung gezielt stehen, um die spätere Wiederbewaldung der Flächen zu beschleunigen. In die noch warme Brandasche säen die Bauern dann kurz vor Einsetzen des Monsuns vor allem Reis, Hirse, Soja und Mais ein. Nach zwei bis drei Jahren agrarischer Nutzung überlässt man die Felder sich selbst, Büsche und Bäume kehren zurück, und nach wenigen Jahrzehnten kann man die Wälder erneut roden und brennen.

Adresse 96°32'46.38" E/22°49'5.81" N, Pong Hkaw | **Anfahrt** circa 16 bis 17 Kilometer süd-westlich von Mogok an der Straße von Mogok nach Pyin Oo Lwin, Straße von Mogok nach Pyin Oo Lwin aus Sicherheitsgründen oder aufgrund von Erdrutschen und Bauarbeiten nicht immer befahrbar | **Tipp** Reis als Grundnahrungsmittel wird nicht nur auf über-schwemmten Feldern im Tal, sondern auch als Trockenreis an Gebirgshängen angebaut.

31 Der ehemalige Shanpalast
Vergessen?

Man muss sich durchfragen, um den Ort zu finden, und kann dann vom verschlossenen Tor zum Park aus einen Blick auf East Haw, den 1924 erbauten ehemaligen Shan-Palast, werfen, verborgen hinter trockenen Bäumen im verwilderten Park: ein stattliches Anwesen in unverwechselbarem edwardianischen Stil – scheinbar verlassen. Wenn man etwas über die Geschichte dieses Haw und seiner Bewohner weiß – soweit diese bekannt ist –, fragt man sich unweigerlich: Wie gegenwärtig sind die Geschichte und das Geschehene im individuellen wie kollektiven Gedächtnis der Menschen in Hsipaw und im Shan-Staat? »Mahadevi Sao Thusandi«, »himmlische Prinzessin«, so wurde die Frau des letzten Saophalong, Sao Kya Seng, Prinz des Shan-Staates Hsipaw, genannt, die gebürtige Österreicherin Inge Eberhard. Sie lebt seit ihrer Ausreise aus Birma Mitte der 1960er Jahre in den USA; das Schicksal ihres Mannes ist bis heute ungeklärt.

Die Geschichte der Familie steht stellvertretend für die nicht kleinzuredenden Probleme der Beziehungen zwischen Shan und Birmanen – eingebunden in die ungelösten übergeordneten Probleme des Verhältnisses zwischen Staat und Regionen, der Aufteilung von Ressourcen, Land und Macht in einem Vielvölkerstaat und die Frage des Umgangs mit den so unterschiedlichen Interpretationen von Geschichte.

Für den East Haw und die anderen noch existierenden Haws im Shan- und Kayin-Staat stellt sich die Frage, wie mit dem schwierigen, je nach Sichtweise umstrittenen Kulturerbe in einer zukunftsweisenden, versöhnenden Form umgegangen werden kann. Viele Gebäude befinden sich in vernachlässigtem Zustand, überwachsen von Vegetation, gebeutelt von der Unbill zahlreicher Monsun- und Trockenzeiten. Es fehlen die finanziellen Möglichkeiten, die Gebäude angemessen zu erhalten. Eine Umwandlung in ein Museum wäre denkbar, doch es ist schwer, historische Exponate und Dokumente zu bekommen.

Adresse 97°18'19.72" E 22°37'35.58" N, Hsipaw | Anfahrt in Hsipaw von der Mandalay-
Lashio Road (NH 3) am burmesischen Restaurant »A Kaung Kyite« circa 1,2 Kilometer
nach Norden auf der NH 4, nach Überquerung des Myitnge-Zufluss die erste Straße nach
Osten, der Straße bis zum Tor folgen | Öffnungszeiten Es handelt sich um Privatbesitz,
doch eine Besichtigung scheint neuerdings nach Absprache möglich zu sein. Erkundigen
Sie sich am besten vor Ort. | Tipp Von Hsipaw aus können Sie eine unvergessliche Reise
per Zug nach Mandalay unternehmen.

32 Das Kuan Yin San-Kloster

Das am Hang thront

Zweifellos gibt es in Myanmar viele Klöster, und alle sind besonders. Das Kuan Yin San-Kloster mit Tempel und Nebengebäuden ist angeblich das größte seiner Art in Myanmar. 1950 erbaut und mehrfach renoviert, thront es weithin sichtbar am Hang förmlich über der Stadt. Der gesamte, gut 30.000 Quadratmeter umfassende Klosterkomplex mit mehreren großen Toranlagen, durch die man bis zum Tempel hochsteigen muss, imponiert schon allein durch seine wuchtige Dominanz. Übermannshohe, scheußliche Fratzen ziehende Tempelwächter mit dunkelgrüner oder tiefbrauner Haut und kräftigen Eckzähnen flößen allen unerwünschten Besuchern Respekt ein.

Mehr als 40 Nonnen und Mönche leben hier dauerhaft auf einer »Insel in der Insel«, umsorgt eingebettet in das umgebende Wohnquartier, das auch seinerseits fast nur von Chinesen bewohnt ist. Chinesen machen Vermutungen zufolge etwa 60 Prozent der Bevölkerung der Stadt aus, wahrscheinlich liegt ihr Anteil höher, denn in den neuen Stadtteilen – etwa unterhalb des Klosters oder in den Vororten – leben zahlreiche chinesische Familien, die nicht einmal Burmesisch sprechen können und offensichtlich in jüngerer Zeit zugezogen sind. Leicht kann man bereits an den Häusern die ethnische Herkunft der Bewohner erkennen: chinesische Schriftzeichen an Türen und Toren, rote Lampions, Aufkleber der jeweils aktuellen chinesischen Tierkreiszeichen oder böse Geister besänftigende Yin-Yang-Zeichen.

Das auf etwa 850 Meter Höhe gelegene Lashio lebt vom überregionalen Handel, ist Verwaltungssitz und Universitätsstadt. Lashio war der Ausgangspunkt der »Burma Road«, über die die Alliierten von Indien aus die Nachschublinien zur Unterstützung von Chiang Kai-Sheks Hauptquartier in Kunming sicherzustellen suchten. Seit die Schnellstraße von Mandalay zum chinesischen Grenzübergang Muse ausgebaut ist, steigt Lashios Bedeutung als Handelsknotenpunkt.

Adresse 97°45'19.91" E 22°55'34.18" N, Lashio | **Anfahrt** vom Mandalay-Muse Highway (NH3) in die Mandalay Street abbiegen, nach 2,3 Kilometern nach Süden in die Dhamma Yeiktha Street, nach circa 650 Meter nach Osten (10. Straße), circa 550 Meter bis zum Tor des Tempels | **Öffnungszeiten** ganztägig | **Tipp** Einen sehr schönen Blick über die Stadt hat man von der im zentralen Stadtgebiet auf einem Berg liegenden alten Sasana-Pagode.

33 Hot Springs
Ab ins heiße Wasser

Wenn man sie länger eintaucht, werden sie krebsrot. Gemeint sind die Füße. Denn die Hot Springs von Lashio sind so, wie der Name bereits klarstellt. Dort, wo die Quellen aus dem Boden austreten, sind sie kochend heiß und nicht zu betreten. Aber wo sie in den vielen verschiedenen von ihnen gespeisten Wasserläufen und -becken – natürlich belassen wie ein sanft fließender Bach oder in kühlende Betonschalen eingefasst – zugänglich sind, lassen sie sich in vielfältiger Weise nutzen: zum Wäschewaschen, zum Planschen oder Baden und in abgetrennten Bereichen zur Entnahme von Trinkwasser. Beim Wäschewaschen sieht man Männer und Frauen gleichermaßen an den Waschtrögen stehen, denn für das Wäschewaschen ist in Myanmar traditionell jede / r selbst zuständig, und die Kinder spielen üblicherweise um sie herum. Baden hingegen findet selbstverständlich getrennt nach Geschlechtern statt. Und so kann man etwa im Frauenbecken je nach Tageszeit Gruppen unterschiedlichen Alters beim Plausch antreffen (übrigens selbstverständlich im Longyi bekleidet). Eine Gruppe betagter Chinesinnen trifft sich hier täglich nach 17 Uhr, angeblich seit fünf Jahrzehnten, inzwischen zur Bekämpfung von Rheuma und Arthrose.

Neuerdings bemüht man sich um eine zusätzliche Aufwertung der Anlage mit einfachen Restaurants und Garküchen sowie kleinen Souvenirshops. Auch einen VIP-Raum gibt es, für alle Fälle. Noch hat man einen kleinen Bachlauf belassen, wie er war, mit malerischen Weiden am Ufer. Sogar einen kleinen Kinderspielplatz gibt es, der alle Altersgruppen glücklich macht. Am schönsten ist der Badegenuss aber an kalten Wintermorgen, wenn die Außentemperaturen auf 5 bis 15 Grad Celsius absinken und die Frühnebel dem Ganzen noch eine ziemlich feucht-unangenehme Note geben: Da kann man sich kaum einen angenehmeren Ort in Lashio vorstellen – und anders als bei Strom und Internet gibt es hier keine Blackouts.

Adresse 97°46'27.95" E 22°59'30.5" N, Lashio | **Anfahrt** NH 3 stadtauswärts am Flugplatz vorbei, zum Silver Sky Hotel, von der NH 3 nach Osten abbiegen, nach circa 1,3 Kilometern Einfahrt zu den Thermalquellen | **Öffnungszeiten** ganztägig | **Tipp** Am Rand der Anlage empfiehlt sich ein Besuch der Garküchen zum Sonnenuntergang.

34 Die Eisenbahnbrücke

Stahlrossfahrt übers Gerüst

Als der Film »Die Brücke am Kwai« 1957 in die Kinos kam, dauerte es nicht lange, bis die Spielzeugindustrie Bausätze anbot, mit denen die spektakuläre Brücke nachgebaut werden konnte. An diese Konstruktion fühlt man sich etwas erinnert, wenn man den Zug bei der Fahrt über den Gokteik-Viadukt sieht.

Die Brückenbautechnik spricht von Bockbrücken, Trestlebrücken oder Gerüstpfeilerviadukten, die meist beim Eisenbahnbau errichtet wurden. Hintereinander reihen sich mehrere gleichartige, ursprünglich aus Holz, später aus Profilstahl gefertigte Gerüste, die an die unteren Abschnitte der Masten von Hochspannungsleitungen erinnern, die aber so dicht nebeneinander errichtet werden, dass sie in gleicher Höhe miteinander verbunden werden können. Dann muss nur noch der Schienenstrang über die Gerüste gelegt werden, und schon ist die Brücke fertig.

Die Gokteik-Brücke, über die die einspurige Eisenbahntrasse zwischen Mandalay und Lashio führt, entstand 1899/1900. Sie wurde von der Pennsylvania and Maryland Construction Company errichtet, die bei der Anlage von Eisenbahnbrücken in den nordamerikanischen Appalachen das erforderliche Know-how für den Brückenbau im Gebirge erlangt hatte. Das 689 Meter lange Bauwerk sollte dazu beitragen, die Expansion der britischen Kolonialherrschaft nach Osten hin zu sichern, und hatte daher zunächst vor allem strategische Bedeutung. Da man später erkannte, dass ein solches Brückenbauwerk im Ernstfall höchst gefährdet ist, entstand in den 1970er Jahren sogar eine Ausweichstrecke, die aber bald wieder aufgelassen wurde. Heute wird die ursprüngliche Strecke über die Hochbrücke nach wie vor genutzt, aber die von Diesellokomotiven gezogenen Züge fahren langsam, weil die Trassenführung im gebirgigen Gelände außerordentlich kompliziert ist und nördlich wie südlich des Man Pan Hse-Flusses größere Höhenunterschiede in mehreren Kehren überwunden werden müssen.

Adresse 96°51'34.51" E 22°20'35.06" N | **Anfahrt** auf der Eisenbahnstrecke von Pwin Oo Lwin nach Lashio zwischen Nawnghkio und Gokteik über den Nam Pan Hse Chaung | **Tipp** Ein Erlebnis ist auch die Fahrt auf der Mandalay-Lashio Road (NH 3) durch das steile Tal des Nam Pan Hse Chaung; in einer Vielzahl an engen Serpentinen wird die Schlucht überwunden.

35 Die All Saints Church
Weltkriegsgedenken

The Queen's Royal Regiment, The King's Own Scottish Borderers, The 10th Gurkha Rifles, das 2nd Battalion The Royal Scots – sie alle trugen zur Renovierung der anglikanischen All Saints Church bei, wie es auf einer Bronzeplatte zum Gedenken an die Opfer der Kriege steht. Und das 2nd Battalion The Royal Berkshire Regiment hält die Erinnerung an die Soldaten wach, die zwischen 1899 und 1950 ihr Leben ließen: Erinnert wird an den ersten Gottesdienst im März 1945 nach drei Jahren japanischer Besatzung und daran, wie die Soldaten sich nach sechs Monaten »unter den härtesten und unwirtlichsten Bedingungen der Welt« bei zehn Tagen Fronturlaub in Maymyo erholen konnten. Viele britische Organisationen engagieren sich noch heute für Myanmar, einzelne Bataillone etwa für Kinderhilfe, andere für alliierte Kriegsveteranen oder bei der Unterstützung von Flüchtlingen aus Myanmar.

Die 1912 aus Ziegelsteinen erbaute, 1914 geweihte, 1927 mit Kirchturm vervollständigte, heute in leuchtendem Rot prächtig renovierte Kirche war der Mittelpunkt der britischen Gemeinde in Maymyo. Der britische Generalmajor James May von der 5th Bengal Infantry ließ nach dem 3. Anglo-Birmanischen Krieg 1896 bei dem Dorf Pyin Oo Lwin eine Garnisonsstadt erbauen, eine typische Hill Station auf 1.050 Meter Höhe. Die Sommerresidenz der britischen Verwaltung garantierte kühle Erholung von heißen Niederungen. Maymyo, die Stadt von May, erhielt einen Uhrenturm, Schulen, Krankenhäuser, Kirchen, einen Botanischen Garten und einen Ruderclub. Zahlreiche Häuser im britischen Landhausstil und Pferdekutschen sowie der immer noch hohe Anteil von Indern und Nepali erinnern daran. Bis heute ist die wieder in Pyin Oo Lwin rückbenannte Stadt ein Naherholungsziel für die Einwohner von Mandalay und Sitz mehrerer Verteidigungsakademien. Die steigende Zahl von Zweitwohnsitzen spricht für hohe Lebensqualität.

Adresse 96°28'16.86" E 22°1'32.95" N, Pyin Oo Lwin | Anfahrt von Mandalay kommend auf der NH 3 am Purcell Tower vorbei, nach circa 250 bis 300 Metern nach Südosten in die Bogyoke Street, nach circa 700 Metern nach Süden in die Shwezigone Paya Road, Kirche auf der linken Seite | Öffnungszeiten ganztägig geöffnet | Tipp Eine Kutschfahrt in einer der kolonialen Pferdekutschen durch die Stadt lohnt sich ebenso wie die Besichtigung der Kutschen-Werkstätten zwischen Mandalay-Muse Highway und Cherry Road östlich der Kreuzung von Highway und Circular Road – weltweit einer der wenigen Herstellungsorte der alten Pferdekutschen.

PRESENTED TO ALL SAINTS CHURCH MAYMYO BY THE 2ND. BN. THE WELCH REGIMENT TO COMMEMORATE THE LIBERATION OF MAYMYO AND THE FIRST DIVINE SERVICE HELD IN THIS CHURCH ON SUNDAY MARCH 18TH. 1945 AFTER THREE YEARS OF JAPANESE OCCUPATION.

36 Die Kaffeeplantage

Kaffee der Goldenen Garnele

Erst seit wenigen Jahren breitet sie sich aus, doch mit beeindruckender Geschwindigkeit: die neue Kaffee- und Cafékultur. In einem Land, in dem man traditionell Tce trinkt und in dem die einfachen, fast an jeder Straßenecke zu findenden Tea Shops Sinnbild für Begegnung und Kommunikation sind. Der Konsum von Kaffee allgemein in der Bevölkerung und speziell die Eröffnung von Cafés in den Städten sind wie ein Gradmesser für den Einzug marktorientierter Wirtschaft. Die Innovation Kaffee verändert aber nicht nur die Trinkgewohnheiten, sondern auch das Verhalten der Bevölkerung gegenüber »dem kleinen Snack zwischendurch«: Immer mehr Menschen – speziell in den Städten – leisten sich neuerdings süße Backwaren, Kekse und Kuchen. Sie sind »modern« gestaltet und hygienisch verpackt – Marmorkuchen und Knusperröllchen erobern den Markt. Anstelle von Obst und fermentiertem Tee bringt man als Gastgeschenk nun Kaffee und Kuchen mit. Mit Kaffeemaschine und Kuchentheke verbreiten sich neue Ideen.

Pyin Oo Lwin ist das Paradies des Kaffeeanbaus im Land: Missionare brachten die Kulturpflanze mit und begannen in der Umgebung von Myeik und Dawei mit ihrem Anbau zu experimentieren, zuerst vergeblich. 1930 gelang der Durchbruch im damaligen Maymyo (heute: Pyin Oo Lwin). Aber erst seit Ende der 1990er Jahre steigt die Produktion deutlich. Die lieblicheren Arabica-Sorten überwiegen vor den starken Robusta-Bohnen; Mischungen steigen im Ansehen der Kunden. Nun treten neue Regionen hinzu, die zuvor nur für den lokalen Bedarf produzierten, etwa Tiddim in Chin oder Thandaunggyi in Kayin State. Unter den vielen Anbietern in Pyin Oo Lwin ragt ein traditionelles Familienunternehmen heraus: Shwe Pa Zun (»Die goldene Garnele«) bietet nicht nur Kaffeebohnen, sondern veredelt die Produktpalette mit Milchprodukten, Backwaren, Süßspeisen, Marmeladen – und Macadamia. Ein neuer Stern am Genusshimmel?

Adresse 96°26'55.15" E 21°59'31.06" N, Pyin Oo Lwin | **Anfahrt** von Mandalay kommend auf der NH 3 an der Defence Services Academy (Monument) vorbei bis zum Kreisverkehr, 1. Abzweigung rechts in die Ziwaka Street, nach 700 Metern rechts abbiegen, nach circa 800 Metern scharf links, circa 2,7 Kilometer (rechts halten) bis zum Tor zur Kaffee-plantage; vom Botanischen Garten: südliche Umrundung des Parks, nach circa 3,4 Kilo-metern nach links, 650 Meter bis zum Tor der Plantage | **Öffnungszeiten** Besichtigung ist nur nach Absprache möglich (Tel. +95/1/222305) | **Tipp** Besuchen Sie die circa zehn Kilometer vom Shan Market (auf der NH 3 Richtung Lashio) entfernte December Farm. Zu der park-ähnlichen Farm mit ökologischem Anbau und privatem Streichelzoo gehört ein Restaurant; Eis, Joghurt, Milchshakes und Essen werden frisch zubereitet und sind sehr zu empfehlen.

37 __ Das Dorf Nyaung Done
Von Selbstversorgung zu Heilpflanzen und Tourismus

Gut zweieinhalb Stunden dauert die Wanderung von Kalaw nach Nyaung Done, einem auf einem Bergrücken in 1.300 Meter Höhe gelegenen Dorf, das überwiegend von Palaung bewohnt ist, einer den Mon-Khmer angehörenden Bevölkerungsgruppe im Shan-Staat. Der Aufstieg führt durch liebliche Täler, in denen mit Hilfe von Regenstau traditioneller Reis- und Gemüseanbau betrieben wird, und über steile Hänge, deren gebrannte Flächen von traditionellem Brandrodungsfeldbau zeugen.

Auf der Wanderung sieht man aber auch, dass sich in den Bergen ein enormer Wandel vollzieht: Noch vor gut zehn Jahren lebten die meisten Familien von der Selbstversorgung, das heißt, sie bauten das an, was sie zum Leben brauchten, und betrieben etwas Handel im Nahbereich. Denn der Weg zu Fuß in die nächste Stadt war beschwerlich.

Heute hat sich vieles verändert: Man sieht Dauerkulturen, nämlich Tee- und Kaffeesträucher sowie in großen Hainen Mango-, Grapefruit-, Orangen- und Jackfruitbäume. In der Höhe gelingt zudem der Anbau von Medizin- und Heilpflanzen, wie etwa Rizinus, Ingwer oder Zimtkassie. Sie werden ebenso wie Tabak – für die berühmten myanmarischen Cheroot-Zigarren – und traditionelle Gewürzpflanzen als lokale Spezialitäten auf dem heimischen und zunehmend auch auf dem nationalen Markt verkauft. Manche Produkte erreichen gar das Ausland: Mittelsmänner, vor allem aus China, kommen – infolge verbesserter Straßenverbindungen – neuerdings direkt in die Dörfer, kaufen die Ernten und veräußern sie international weiter.

Zu den neuen wirtschaftlichen Aktivitäten zählt mehr: Die Glocken von Rinderherden, die man unterwegs hören kann, künden von zunehmender Milchviehwirtschaft. Und vereinzelte Wandergruppen künden vom beginnenden Tourismus. So kann man neuerdings als Fremder im Dorf essen und sogar übernachten. Entwicklungsprojekte halfen, den Bergbewohnern neue ökonomische Perspektiven zu eröffnen.

Adresse 96°30'8.98" E 20°38'18.59" N | **Anfahrt** Mit einem Guide geht es auf eine sechsstündige Wanderung von Kalaw durch bergige Landschaft nach Westen. Das Dorf liegt auf einem Bergrücken. | **Tipp** Im Zentrum des Dorfes ist ein durch deutsche Spenden errichteter Brunnen mit Waschanlage zu erkunden. Trekkingtouren sollten im Hotel angefragt werden.

38 Der Pagodenberg
Erhöhter Perspektivwechsel

In der Nachbarschaft zum weltweit bekannten Inle-See im Shan-Hochland gewinnt die urbane Region Taunggyi erst in den letzten Jahren mehr Beachtung bei internationalen Touristen. Nach einem mehr als 400 Meter hohen steilen Anstieg aus der Seeebene erblickt man unerwartet die – auf einem schmalen, von Nord nach Süd verlaufenden Plateau in 1.450 Meter Höhe liegende – viertgrößte Stadt Myanmars.

Hervorgegangen aus fünf kleinen Dörfern und um 1894 zum regionalen administrativen Zentrum der britischen Kolonialmacht, einer »Hill Station«, ausgebaut, hat sich Taunggyi zum wichtigsten ökonomischen und kulturellen Zentrum des Shan-Staates entwickelt. Die aufgrund begrenzter Fläche stark verdichtete Stadt bietet neben dem aktuellen, lebendigen Stadtleben mit bunten Märkten viel städtisches Kulturerbe, das von vorkolonialen religiösen Gebäuden über die Residenzen der früheren Shan-Fürsten (Haws) bis hin zu den Privat- und Verwaltungsgebäuden aus der Kolonialzeit reicht.

Einen wahren Perspektivwechsel bietet der bis auf 1.740 Meter ansteigende, bei den Einheimischen »Phaya Mountain« (Pagodenberg) genannte Höhenzug im Osten der Stadt. Mit Motorrad oder Auto können fünf in Alter, Baustil und Blickrichtung sehr unterschiedliche Pagodenstandorte, verbunden durch eine auf dem Bergrücken verlaufende Straße, erreicht werden. Von den Aussichtspunkten der Mya Sein Taung-Pagode im Norden, dem Dragon Pool-Tempel in der Mitte, der großen Shwe Pone Pwint-Pagode, den drei alten Pagoden im Süden bis hin zur kleinen namenlosen Pagode im Südosten sind sowohl das gesamte Stadtgebiet als auch die Inle-Ebene im Westen und die bis zu 2.000 Meter hohen Shanberge im Osten zu erblicken. Ein sechster Standort liegt auf dem markanten, senkrecht zur Stadt abfallenden Fels, auch »Crack« genannt, der nur zu Fuß über einen steilen Pfad zu erreichen ist. Eine atemberaubende Aussicht belohnt die Mühen des Aufstiegs.

Adresse 97°2'52.29" E 20°46'36.58" N, Taunggyi | **Anfahrt** vom Myoma-Markt die Bogyoke Aung San Road auf die Ye Htwet Oo Street Richtung Berg fahren, nach circa 2 Kilometern die Gleise überqueren und rechts an einer kleinen Pagode vorbei, nach 150 Metern scharf rechts, der Straße 1 Kilometer bergauf folgen bis zur Pagoden-Einfahrt; Start im Norden mit Mya Sein Taung-Pagode, alle weiteren Standorte entlang der Bergstraße nach Süden. | **Tipp** Das bunte Markttreiben im großen Myoma-Markt oder auch im kleineren Markt No. 5 (East Circular Road, Ecke Nan Thida Street) ist sehenswert.

39__Das Shan Culture Centre
Die Sprache der anderen

Mehr als 100 junge Frauen und Männer üben während der Schul-
und Semesterferien auf dem großen freien Platz vor dem Shan Lite-
ratur- und Kulturzentrum traditionelle Shan-Tänze. An ihren bunten
Trachten und den verschiedenen Kopfbedeckungen erkennt man, aus
welchen Regionen im Shan State sie stammen und welcher ethnischen Gruppe sie angehören. Geübt wird etwa der expressive Trom-
meltanz mit der Ozi, einer großen, zumeist schwarz-rot-gold-grün
lackierten oder bemalten Bechertrommel, die bei den Shan üblicherweise etwa drei Meter lang ist, einen Durchmesser von etwa 60 cm
hat und am Boden trichterförmig zu einer Standfläche verbreitert ist.
Aufwendig zu tanzen ist auch der mythische Kinnara- und Kinnari-
Tanz von den Menschen wohlgesonnenen Gestalten, halb Vogel,
halb Mensch, bei dem die Tänzerinnen und Tänzer breit ausladen-
de Flügel schwingen.

Die Shan gehören zur in Südost- und Ostasien etwa 93 Millionen
Sprecher umfassenden Sprachfamilie der Tai-Kadai (die Thai des benachbarten Thailand sind eine Unterfamilie). Sprachwissenschaftler
unterscheiden knapp 100 verschiedene Sprachen, Haupt- und Un-
tergruppen, Dialekte und Regiolekte, die man in unterschiedlicher
Weise einander zuordnen kann. Schätzungen zufolge sprechen in
Myanmar etwa vier bis sechs Millionen Menschen Shan, genaue
Zahlen sind unbekannt – und ein Politikum, weil mit der Sprecher-
zahl auch die Bedeutung der Sprachgruppe im Bildungssystem verbunden ist.

Ziel der »Shan Literature & Culture Association« ist es, das Wissen um die vielen verschiedenen ethnischen und Sprachgruppen zu
mehren, ihren Austausch zu pflegen sowie Shan-Kultur und -Sprache
zu stärken. Traditionelle und zeitgenössische Literatur wird ebenso
gefördert wie die Musik. Taunggyi ist ein sehr aktives Zentrum der
Musikproduktion. Seit Kurzem können die ethnischen Gruppen eigene Radioprogramme aussenden.

Adresse 97°2'22.88" E 20°46'5.7" N, Bogyoke Aung San Road, Taunggyi | Anfahrt auf
der Bogyoke Aung San Road in Richtung Hopone bis circa 300 Meter südlich vom Shan
State Culture Museum (westliche Straßenseite) | Öffnungszeiten Mo−Sa 6−17.30 Uhr,
So 6−13 Uhr, geschlossen an nationalen Feiertagen | Tipp Eine Motorradtour zu den viel-
fältigen Aussichtspunkten des Pagodenberges mit einem Abstecher zur Buddhistischen
Universität ist sehr reizvoll.

40__Das Shan-Frühstück

Hot Tofu in der Garage

Neben der Fischsuppe »Mohinga« gehören Shan-Nudeln in Myanmar zu den beliebtesten Frühstücksgerichten. Die ursprünglich aus dem Shan-Hochland stammenden Reisnudelvariationen sind inzwischen im ganzen Land zu bekommen. Eine besondere Gaumenfreude stellt die Variante »Hot Tofu« (*Tofu Nway*) dar, zumal sie nur zum Frühstück an den Straßenständen und in Garagen-Shops zubereitet wird und natürlich nur frisch zubereitet zu bekommen ist.

Im Shan-Noodle-Shop an der East Circular Road in Taunggyi dampft schon am frühen Morgen der große Kessel mit dem heißen Tofubrei. Dieser besteht aus gelber Erbse (*yellow split pea*), der burmesischen Kichererbse (*chickpea*), Wasser, Kurkuma und Salz. Entstanden ist er in einem aufwendigen Arbeitsprozess: Zuerst werden die trockenen Bohnen eingeweicht, dann im aufgeweichten Zustand püriert, und anschließend wird, nach einem Absetzprozess, der zurückbleibende dicke Brei mit den Gewürzen langsam zu einer cremigen Konsistenz verkocht. Serviert wird der gelbe heiße Tofubrei auf den flachen, klebrigen Reisnudeln (*san see*), garniert mit frittiertem, gemahlenem Knoblauch (*sichet*), zerstoßenen Erdnüssen, Chilipulver, Kräutern (*nan nan pin*) und – je nach Wunsch des Kunden – mit Chicken Curry und chinesischer Sauce (*kyar nyunt*). Mit den Essstäbchen mischt man alles kräftig durch und tunkt die dazu servierten frittierten Teigtaschen (*e kya kway*) genüsslich in die Soße. Es ist ein besonderes Vergnügen, diese spezielle Art der Shan-Nudeln in einer netten Atmosphäre mit freundlichen Gesprächen in einem vollen Garagen-Shop zu erleben. Früh aufstehen ist angesagt: Hot Tofu gibt es nur zum Frühstück, da der Tofubrei nach zwei- bis dreistündigem Kochen hart wird.

Neuerdings, aber nicht immer, ist Tofu Nway auch in manchen speziellen Shan-Nudel-Restaurants in den großen Städten zum Mittagessen erhältlich. Es lohnt sich auf jeden Fall, danach zu fragen.

Adresse 97°2'24.43" E 20°47'45.33" N, Yae Aye Kwin Ward, East Circular Road, Taunggyi |
Anfahrt East Circular Road, 400 Meter nördlich vom Markt No. 5, erster Shop, nordwestliche Ecke des Straßenkreuzes | **Öffnungszeiten** zum Frühstück | **Tipp** Eine Trekkingtour zur markanten Felsformation des Pagodenberges, dem »Crack«, bietet eine grandiose Aussicht auf das koloniale Verwaltungsviertel. Achtung für Wanderer mit Höhenangst: Es gibt keine Sicherung am Steilabfall an der Pagode.

41 Der Pionierwein

Deutsche Kellereikunst

Wer der Auffassung ist, in den Tropen könne kein schmackhafter Wein produziert werden, darf sich im Weingut von Ayetharyar eines Besseren belehren lassen. Der im Eigentum des saarländischen Unternehmers Bert Morsbach befindliche und von dem deutschen Kellermeister Hans Leiendecker bewirtschaftete Betrieb bietet seit 1997 Weiß-, Rot- und Roséweine, die nach unserem Empfinden einen Vergleich mit mitteleuropäischen Gewächsen nicht zu scheuen brauchen. Etwa 200.000 bis 300.000 Flaschen werden unter der Bezeichnung Aythaya jährlich abgesetzt. Die Weine können vor Ort verkostet und erworben werden, finden sich aber auch im Angebot der Supermärkte der großen Städte Myanmars.

Das Weingut sieht sich als Träger einer landwirtschaftlichen Innovation. Um die Kellereikapazität auszulasten, für die die eigenen Flächen nicht ausreichen, wird Traubengut von benachbarten Weinbauern aufgekauft, die ihrerseits in die Grundlagen von Anbau und Weinlese eingeführt wurden. Bei den Rebsorten dominieren Shiraz und Sauvignon, die den Hauptanteil in den Cuvées der angebotenen Rot-, Rosé- und Weißweine bilden. Über diese Weine hinaus hat die Experimentierfreude des Kellermeisters zunächst einen Dessertwein und Hochprozentiges auf den Markt gebracht, einen Grappa aus Muscattrauben und einen Lychee-Obstbrand. Die nächste Erweiterung des Angebots war ein eigener Rosé-Sekt.

Der Weinbau verbindet sich mit einem umfassenden und kontinuierlich weiter ausgebauten touristischen Angebot. Betriebsbesichtigungen präsentieren die gesamte Produktionskette von der Aufzucht der Jungpflanzen über den Anbau bis zu Kellereiwirtschaft und Ausschank. Zum Weingut gehört ein Restaurant, das vor allem abends gern zum Sunset Diner vom benachbarten Taunggyi oder vom Inle-See aus aufgesucht wird. Die Monte-di-Vino-Lodge bietet mit ihren Bungalows unterhalb des Kellereibetriebs eine gehobene Unterkunft.

Adresse 97°0'58.5" E 20°47'21.5" N, Ayetharyar, www.myanmar-vineyard.com | Anfahrt an der NH 4 (Bogyoke Aung San Road), hinter östlichem Ortsausgang in einer scharfen Kurve am Anstieg zur 250 Meter höher gelegenen Stadt Taunggyi | Tipp Wie wäre es, wenn Sie Ihren Gästen zu Hause von Ihrer Reise nach Myanmar nicht nur anhand von Bildern und Videoclips erzählen, sondern die Vorführung mit dem Genuss einer mitgebrachten Flasche Wein veredeln?

42 Inndein

Vom Tourismus geflutete Bambuswälder

Kinder spielen im von Dämmen eingefassten Bach; unweit davon waschen Frauen die Wäsche, Männer ihre Motorräder (und manchmal ist es umgekehrt), Vieh wird getränkt, anderswo Trinkwasser entnommen. Und überall wächst Bambus, haushoch. Ein richtiger Bambuswald, silbrig-licht und fein-grün. Und im Wind rascheln – anders als bei uns – scharrend die Blätter.

Hohe und niedrige Bambuspflanzen aller Art kennt man ja aus dem Garten oder vom Balkon: ein Hauch von Exotik, doch wuchernd und oft nur noch schwer zu kontrollieren. In weiten Teilen Myanmars findet man Bambus wälderweise. Eigentlich ist Bambus ein Gras. Er gehört zur Familie der Süßgräser; weit mehr als 1.000 verschiedene Bambusarten gibt es weltweit. Da die Pflanzen mit großer Trockenheit ebenso fertigwerden wie mit Regenmassen oder kargen Böden und auch Hitze wie Kälte ihnen kaum etwas anhaben kann, findet man sie eigentlich überall. Schnell kerzengerade wachsend, ist Bambus ein Segen für die ländliche Bevölkerung. Ohne ihn würden Leben und Arbeiten im Dorf kaum möglich sein – Bambushaine sind wie ein praktischer Baumarkt gleich nebenan.

Ohne Bambus läuft (fast) nichts: Er ist Baumaterial für alles und jeden. Preiswert, leicht, praktisch, stets verfügbar. Mit Haumesser und Säge sind die Bambusstangen einfach zu schlagen. Sie lassen sich zudem leicht transportieren und problemlos verbinden, verbauen, verbiegen, verzapfen, verplätten – für Böden, Wände, Türen, Decken und Dächer. Man kann Bambus essen, aus ihm trinken. Der aufmerksame Reisende findet überall Belege für seine schier unendliche Nutzungsvielfalt im Alltag der Menschen. Reiseführer weisen für Inndein auf Ruinen, Tempel, Souvenirshops und Touristenattraktionen hin. Weniger offensichtlich tritt die Verbindung von Natur und Lebensalltag zutage. Manchmal hat man den Eindruck, viele sehen den Wald vor lauter Attraktionen nicht.

Adresse 96°50'16.06" E 20°27'34.53" N | **Anfahrt** mit dem Boot von Nyaung Shwe nach Inndein, südlich des Marktes Fluss überqueren, dem Pagodenaufgang circa 400 Meter folgen, Klostergelände nördlich des Aufganges zum Bambuswald durchqueren | **Tipp** Am Ende des Aufganges zur Shwe Inndein-Pagode befindet sich ein sehenswertes Pagodenfeld mit einem schönen Ausblick auf die Inle-See-Landschaft vom Hügel südlich des Pagodenfeldes.

43 Das Haw

Wer kennt es noch?

Sie sind nicht mehr so zahlreich und für Touristen kaum existent. Viele der stolzen Paläste der einst mehr als 40 Shan-Fürstentümer, die sogenannten Haw, sind in den letzten 80 Jahren durch Kriege, Feuer oder aus politischen Gründen zerstört worden. Über 800 Jahre prägten die Herrscher der Staaten (*saopha*), der tributpflichtigen Staaten (*myosa*) und weiterer kleiner Territorien (*ngwegunmhu*) die Geschichte Ost-Myanmars. Als alliierte Staaten konnten sie bis ins 16. Jahrhundert ihre Macht bis nach Upper Burma ausdehnen. Wechselnde Allianzen und erstarkende Nachbarn führten zur Schwächung ihrer Macht, aber nie zum Verlust ihrer Autonomie – auch nicht unter britischer Kolonialherrschaft. Erst im Destabilisierungsprozess nach der Unabhängigkeit 1948 und nach dem Transfer aller fürstlichen Rechte 1962 an die militärische Zentralregierung endete die Feudalherrschaft. Trotz bleibendem Haus- und Grundbesitz gingen viele Saophas ins Exil.

Mit 72 Quadratkilometern war Nawng Mawn einer der kleinsten, myosa-geführten Staaten – seit 1602 bestehend, 1931 mit dem größeren Nachbargebiet Mongpawn zusammengelegt. Wenig bekannt, findet man das Haw in der alten Stadt Myo Haung circa 50 Kilometer südöstlich von Taunggyi im Reisanbaugebiet des Nam-Tamphak-Tal. Interessanter als das aus dem 20. Jahrhundert stammende Haw, heute ein buddhistisches Kloster, und die mehr als 1.000 Jahre alte Pagode ist die knapp einen Quadratkilometer große Dorfanlage, mit Wällen auf der Ost- und Wassergräben auf der Westseite. Eine für diese Region ungewöhnliche Wehranlage wird vermutet, fundierte Informationen fehlen jedoch. Das lebendige Dorfleben gibt Hoffnung auf den Erhalt des geschichtlichen Erbes, doch weisen die überwucherten Gräber der Myosa im Nordosten der Anlage und die auf den umliegenden Agrarflächen vorangetriebene und näher rückende Flurbereinigung auf die Gefahr von Kulturerbeverlust hin.

Adresse 97°11'40.31" E 20°32'01.28" N, Nawng Mawn | **Anfahrt** von Taunggyi auf der NH 4 nach Hopone (circa 21 Kilometer), in Hopone nach Süden auf der NH 5 abbiegen, der Straße 33 Kilometer nach Nawng Mawn folgen, im Dorf die fünfte Straße nördlich des Marktes nach Westen zum alten Dorf nehmen, circa 1,6 Kilometer durch Reisfelder und Dorf bis zum ehemaligen Haw | **Tipp** Besuchen Sie zwei wundervolle Aussichtspunkte westlich von Hopone: Circa acht Kilometer östlich des neuen Gewerbegebietes von Taunggyi, bevor man Hopone erreicht, begibt man sich an einer Straßenkreuzung entweder nach Norden zu einer kleinen Pagode oder nach Süden zu einer kurzen Wanderung auf den Berg.

44__Das Höhlenkloster
I had a dream …

Ein junger Mönch der Pa-O hatte einen Traum: Er sah, wie die Angehörigen der Pa-O in Kriegs- und Konfliktzeiten Schutz und Zuflucht in den großen Höhlensystemen der Karstgebirge der Umgebung fanden, sich dort länger einrichteten und ein schwieriges Dasein fristeten. Er träumte, dass sich die Soldaten, freiwillige und abgeordnete, in den Höhlen verschanzen und um ihr Leben bangen mussten – und manch einer konnte nur deshalb überleben, weil er sich auskannte in dem Labyrinth der Höhlen, unterirdischen Gänge und Flüsse. Eine der größten Höhlen, die Htan Sann Cave, hatte es dem Mönch besonders angetan. Sie erschien ihm im Traum, und er beschloss, sie zu einem unterirdischen Kloster umzuwandeln, damit dort nie wieder Konflikte ausgetragen werden könnten. Der Traum der Versöhnung zwischen den ethnischen Gruppen sollte einen Ort bekommen. Das unterirdische Kloster ist inzwischen Wirklichkeit geworden. Noch bis vor wenigen Jahren streng bewacht, ist inzwischen mit Sondererlaubnis auch für Ausländer ein Besuch möglich.

Es erwartet einen ein weitläufiges Höhlensystem, das etwa 1,7 Kilometer lang, aber wenig tief ist, sodass man zumeist ebenerdig laufen kann – barfuß natürlich, denn man ist ja in einem Kloster. An prominenten Plätzen, unter weißen oder beige-braunen Stalaktiten-Girlanden, sind Buddhafiguren, aber auch Pagoden gebaut, bunt geschmückt, teils mit blinkender Leuchtstoffaura verziert. Es finden sich figürliche Darstellungen von Wildtieren, die eine Ursprünglichkeit des Standorts symbolisieren. Ein riesiger Tropfsteindom ist eindrücklich angeleuchtet und taucht die tiefe Stille, in der (wenn die Besucher leise sind) nur das Gluckern der Bächlein zu hören ist und die fallenden Tropfen plitschende Töne erzeugen, in ein zauberhaftes, sphärisches Licht. Mehrere wunderschöne, stille Teiche liegen in Nischen, hellweiße Sinterterrassen schmücken ihre Ränder.

Adresse 97°20'8.9" E 20°49'8.17" N, Htan Sann Cave | **Anfahrt** circa 40 Kilometer östlich von Taunggyi, von Taunggyi auf der Bogyoke Aung San Road in Richtung Süden, weiter auf NH 4, Hopone durchqueren bis zur Auffahrt zur Htam Sann-Pagode und Religious Hall, circa 1 Kilometer weiter Parkplatz und Zugang zur Höhle | **Öffnungszeiten** ganztägig, Eintritt zur Höhle für Ausländer 20 US-Dollar | **Tipp** Das Lichterfest mit fliegenden Lampions in Hopone ist nicht so groß und weniger hektisch als das Balloon-Festival von Taunggyi.

45__Das Grenzhandelsparadies

Mit Visum ins Casino

Tachileik auf myanmarischer und Mae Sai auf thailändischer Seite der Grenze – innerhalb weniger Jahre entstand aus zwei verschlafenen Städtchen eine boomende Doppelstadt im Grenzgebiet des »Goldenen Dreiecks« zwischen Myanmar, Thailand und Laos. Der Mae-Nam-Sai-Fluss trennt die beiden sich verflechtenden Teile voneinander.

Seit dem 28. August 2013 ist es Ausländern bei Besitz eines gültigen Einreisevisums möglich, die Grenze auf dem Landweg regulär zu passieren – damals eine Sensation. Dieser Öffnungsprozess »im Kleinen« hat die Investitions- und Handelsverbindungen zwischen beiden Staaten stark steigen lassen. Während man in den Läden und Marktständen von Tachileik vor allem landwirtschaftliche Produkte aus Myanmar sowie preiswerte Massenware aus chinesischer Produktion kaufen kann, darunter nachgeahmte westliche Markenware, Haushalts- und Elektronikgeräte, werden auf thailändischer Seite angeboten: Saatgut für den Gemüseanbau in höheren Breiten, kandierte Früchte, Trockenobst oder Möbel für die sich ständig vermehrende Anzahl neuer Haushalte. Auch der grenzüberschreitende Tourismus entwickelt sich: Wer Kleingeld braucht, kann sein Glück in einem der drei Casinos im Grenzgebiet versuchen, und noch gelingt es, eine einfache Visumsverlängerung für Thailand zu bekommen.

Für die lokale Bevölkerung ist anderes wichtiger: Viele Bewohner von Tachileik pendeln täglich, wochen- oder monatsweise zur Arbeit nach Thailand, wo die Löhne deutlich über denen von Myanmar liegen. Das Lohngefälle wirkt sich auch positiv für Thailand aus: Myanmarische Arbeitskräfte werden im Bau- und Straßenbaugewerbe, in der Landwirtschaft, der Industrieproduktion und im Dienstleistungsbereich eingesetzt. Sie arbeiten in der Hauswirtschaft, im Lager- und Logistikbereich, als Reinigungspersonal und im Tourismus – saisonal, denn man kann sie am Ende der Saison wieder nach Hause schicken.

Adresse 99°53'4.79" E 20°27'0.37" N, Tachileik | **Anfahrt** Flug nach Tachileik oder Kengtung (circa 150 Kilometer nördlich von Tachileik), Straßenverbindung von Taunggyi für Ausländer nicht geöffnet | **Tipp** Interessant zu beobachten sind die zahlreichen Gruppenreisenden aus Thailand, die ins für sie »exotische« Myanmar »zum Shoppen« fahren.

46__Der große Stausee

Energie fürs Land so weit das Auge reicht

Mit dem Strom aus der Steckdose ist das so eine Sache in Myanmar … Selbst in den großen Städten gibt es ihn nicht zu jeder Zeit. Ein gemütlicher Fernsehabend, mal eben ein heißer Tee an einem kalten Wintermorgen in den Bergen – von wegen! Da wird die Rechnung ohne den Strom gemacht. Jeder im Land kennt die Situation: Bis heute – und von wenigen Enklaven abgesehen – ist die Versorgung knapp, die Blackouts lang, die Unvorhersehbarkeit seiner Verfügbarkeit groß. Strom wird vor allem in der trockenen, heißen Jahreszeit knapp und unberechenbar, wenn die Wasserkraftwerke nicht genug Wasser haben.

Aber Myanmars Energiesektor entwickelt sich rasant: Die installierten Energiekapazitäten wurden von knapp 1.000 Megawatt im Jahr 2000 auf heute fast 4.000 erweitert, davon stammen mehr als zwei Drittel aus den 30 Wasserkraftwerken. Die Bevölkerung bekommt davon aber kaum etwas ab: Die größte Energiemenge – schließlich haben sie die Anlagen ja zumeist finanziert – geht in die Nachbarstaaten. Die meisten Stauseen dienen darüber hinaus auch als Wasserspeicher für Bewässerungszwecke und zur Überschwemmungskontrolle.

Als Teil der Reparationszahlungen nach dem Zweiten Weltkrieg wurde von den Japanern das heute mehr als 60 Jahre alte Wasserkraftwerk Baluchaung No. 2 (auch: Lawpita Hydropower Project) gebaut, eines der ältesten und zuverlässigsten Kraftwerke in Myanmar, welches bis zu 25 Prozent des jährlichen Energiebedarfs des Landes decken soll. Der Mobye-Stausee am Balu-Chaung-Fluss ist der große Stausee für dieses und ein weiteres Wasserkraftwerk. In Pekon kommt man nahe ans Ufer und ahnt die Dimensionen dieses riesigen Wasserspeichers, wenn man – so weit das Auge reicht – das Spiel des Lichts und die scheinbare Verschmelzung des Wassers mit dem Himmel bestaunt. Doch noch immer sind einige Dörfer in direkter Nachbarschaft des Stausees nicht an das Elektrizitätsnetz angeschlossen.

Adresse 97°1'35.86" E 19°51'1.56" N, Pekon | **Anfahrt** von Kalaw auf der NH 54 circa 125 Kilometer nach Süden bis Pekon oder Flug nach Loikaw, von hier circa 40 Kilometer auf dem NH 5 zunächst nach Norden, nach circa 11 Kilometern nach Westen in Richtung Pekon oder per sechsstündiger Bootsfahrt von Nyaung Shwe über den Inle- und den Moebyel-See bis Pekon | **Tipp** Schön ist eine Bootsfahrt auf dem Moebyel-See von Pekon aus.

47 _ Der Uhrenturm

Wer die Glocke schlägt

Es gibt sie fast überall, und früher waren sie wichtig: die Clock Towers. Die Briten führten sie als neues Element ein, die Gebäude für die Zeit. Anders als Zeitlosigkeit, um nicht zu sagen: die Ewigkeit – wie Tempel und Pagoden sie verkörpern, als Symbole des Ewigen, Höchsten, Letzten. Plötzlich zählte Zeit. Die Briten setzten neue Zeichen – wörtlich genommen. Und sie führten einen neuen Standard ein: Eine Stadt hatte einen Uhrenturm zu haben. Anders als ein Dorf. Der Clock Tower setzte ein Zeichen des Besonderen, Privilegierten. Der Uhrenturm ist somit die etablierte Landmarke des Städtischen. Und Uhrentürme markieren den Mittelpunkt einer Stadt, bis heute sind sie zentrale Wahrzeichen, Leuchttürme, auch der räumlichen Orientierung. Den Uhren folgten die Glocken, als akustische Zeichen, und dann die Lautsprecher. Man konnte und kann sie wunderbar montieren – und das Volk erreichen. Mit allem, was mitzuteilen ist.

Davon bekommt man als Reisender nicht unbedingt direkt etwas mit. Denn ein Teil des Charmes im Urlaubsland Myanmar ist, dass beileibe nicht alles nach Plan und Zeit abläuft. Dennoch merkt man: In Myanmar ist man pünktlich. Es ist eine Tugend und eine Pflicht für jeden und jede, pünktlich zu sein. Dafür braucht man nicht notwendigerweise einen Uhrenturm. Und dennoch achtet man unverändert auf sie, baut sie vielmehr sogar neu. Der Uhrenturm in Loikaw ist – anders als in zahlreichen Städten Myanmars, in denen der jeweilige Uhrenturm aus britischer Zeit stammt – sehr jung. Er wurde in den späten 1960er Jahren erbaut. Architektonisch modern-dynamisch gestaltet, fast zierlich-verspielt, farbenfroh, markant, selbstbewusst, mit Technikanklang und Weltkugel auf der Spitze. Man hat sich Mühe gegeben, dem Design eine eigenständige gestalterische Handschrift zu verleihen. Das war es den Erbauern wert. Innovation im Wandel. Der, der die Glocke schlug, setzte die Maßstäbe. Das ist heute nicht anders.

Adresse 97°12'42.89" E 19°40'37.73" N, Loikaw | Anfahrt Stadtzentrum, Nähe Myo Nan-Pagode, NH5, nicht weit vom Fluss Ba Lu Chaung | Tipp Malerische Häuser liegen am Ost-ufer des Ba Lu Chaung nördlich der großen Brücke über den Fluss am Thirimingalar-Markt.

48 Prayer Mountain

Auf 374 Stufen zum Gipfel

In anderen Gebieten Myanmars sieht man, dass Berge und niedrigere Hügel von einer Pagode gekrönt sind, zu der man vielleicht mühsam aufsteigt, nach deren Erreichen man sich aber befreit fühlt. Am Rand von Thandaunggyi ist dieses Modell für das Christentum übernommen worden: Ein rundes Dutzend kleiner Kapellen säumt den Aufstieg zur Aussichtsplattform und größten Kapelle auf dem Gipfel. Die Kapellen sind Stiftungen einzelner Familien, die auf diese Weise die Erinnerung an ihre Eltern, Großeltern oder weitere Verwandte weiterleben lassen und dabei wie auf einem Pilgerweg Einblick in ein kleines Stück jeweiliger Familiengeschichte gewähren. Zugleich machen sie deutlich, dass ein beträchtlicher Teil der Kayin (Karen) dem Christentum angehört; überwiegend sind sie Baptisten, aber auch Anglikaner, Katholiken oder Angehörige von Pfingstkirchen.

Die Architektur der Kapellen ist durchaus abwechslungsreich: Da sind die einfachen rechteckigen Kapellchen, in denen kaum ein halbes Dutzend Personen Platz findet, da ist die größere, den Gipfel krönende Kapelle, vor der sich eine kleine dreieckige Plattform wie über einem Schiffsbug ausbreitet, oder die Kapelle, deren Seitenwände betenden Händen nachempfunden wurden. Die Farben Weiß und Rot bestimmen alle Bauwerke und den an den Kapellen vorbei nach oben führenden, gut abgesicherten Weg, dessen 374 Stufen (so steht es unten angeschrieben) ohne Mühe erstiegen werden können.

Von der Plattform geht der Blick einerseits auf den vielfach gegliederten Ort Thandaunggyi mit seinem kleinen Markt- und dem Schulzentrum, vielen Kirchen, der Investitionsruine eines nicht fertiggestellten touristischen Resorts und den an die Hänge gebauten Wohnhäusern, andererseits auf die fast unberührt wirkenden, von subtropischem Wald überzogenen Bergzüge, die mit vielen sehr kleinen Dörfern dünn besiedelt sind.

Adresse 96°41'13.29" E 19°4'46.12" N, Thandaunggyi | **Anfahrt** von Taungoo auf der NH5 nach Osten, nach circa 21 Kilometern auf die regionale Straße nach Thandaunggyi einbiegen, circa 20 Kilometer bis zum zentralen Platz, von hier circa 3 Kilometer (45 Minuten) zu Fuß bergauf bis zum Naw Bu Baw Prayer Mountain | **Tipp** Einen guten Blick auf den Prayer Mountain und die meisten seiner Kapellen haben Sie vom unmittelbar gegenüberliegenden Hügel, auf dem auch mehrere Kapellen errichtet wurden.

49__Die alte Teefabrik
Vom Gymnasium zur Teestube

Thandaunggyi war in der britischen Kolonialzeit als Hill Station ausgestaltet worden: Hierhin, in etwa 1.200 Meter Höhe, konnte man ausweichen, wenn die Hitze in Taungoo im Tiefland zu unerträglich wurde. Die Briten brachten auch wirtschaftliche Neuerungen mit. Dazu gehörte der Anbau von Tee, mit dem man sowohl in Indien als auch auf der Malaiischen Halbinsel Erfahrungen gesammelt hatte. Die Hänge im Anschluss an den Ort sind noch heute von schmalen Terrassen überzogen, die wie Höhenlinien das Relief nachzeichnen und mit Teesträuchern bepflanzt wurden. Zur Aufbereitung und Weiterverarbeitung des Pflückguts wurde auf dem Hügel über dem Ort im Gebäude des kolonialzeitlichen Gymnasiums eine Teefabrik errichtet.

Im Zuge der Unabhängigkeit Birmas und der Bürgerkriege verkam die Teekultur von Thandaunggyi. Die Teesträucher wurden nicht mehr gepflegt oder erneuert, und auch die Teefabrik schien dem Verfall preisgegeben. Seit wenigen Jahren ändert sich die Situation: Im Ort sind kleine Flächen für die Anzucht von Teepflanzen entstanden, die Terrassen werden wieder besser gepflegt und weisen teilweise bereits neues Pflanzgut auf. In der Teefabrik machen die Maschinen, die für das Rollen, Fermentieren, Schneiden und weitere Arbeitsschritte aufgestellt wurden, einen gepflegten Eindruck, das für den kleinen Ort imposante Gebäude wurde gerade neu gestrichen.

Dies passt zu einer Agrarpolitik, die zunehmend auf regionale Potenziale setzt. Die Umgebung von Thandaunggyi ist nicht nur für den Teeanbau, sondern auch für den Anbau der mit dem Ingwer verwandten Kardamom-Pflanze bekannt. Das begehrte Gewürz, das mit Safran und echter Vanille zu den teuersten Gewürzen gehört, wird aus den mit der Hand gepflückten Kapselfrüchten gewonnen, die die Samen enthalten, welche gemörsert oder gemahlen werden. Heute wird der größte Teil des in Myanmar gewonnenen Kardamoms über China vermarktet.

Adresse 96°40'27.62" E 19°4'16.29" N, Thandaunggyi | **Anfahrt** kurzer Fußweg bis zum circa 300 Meter nördlich des zentralen Platzes gelegenen Gebäude | **Tipp** Besuchen Sie auch das am Weg liegende hinduistische Heiligtum, das daran erinnert, dass Birma/ Myanmar als britische Kolonie der Verwaltung Indiens unterstand und dass unter den indischen Truppen die nepalischen Gurkha eine besondere Wertschätzung genossen.

50__ San Su Si

Keine preußische Reminiszenz

Am Rand eines der Hügel von Thandaunggyi entstand im Jahr 2002 mit »San Su Si« (so ist es auf der Tafel am Eingang zu lesen) ein christliches Begegnungszentrum, das Gästen auch Unterkunft und Verköstigung bietet. Die Idee und die Spende zum Bau des Hauses sollen von einem Deutschen stammen, dem Schloss Sanssouci gefiel, doch Unterlagen und genaues Wissen sind über die Jahre verloren gegangen. Im Erdgeschoss stehen außer einem Versammlungsraum vier Doppelzimmer, im Obergeschoss ein Matratzenlager zur Verfügung. Eine kleine anspruchslose Reisegruppe kann mühelos aufgenommen werden. Allerdings: Erwarten Sie keinen Luxus. Die Zwei-Bett-Zimmer sind schlicht, die Sanitäranlagen unprätentiös, aber sauber. Dafür werden Sie ruhig schlafen können, ohne von vorbeifahrenden Autos gestört zu werden – bis pünktlich um 4 Uhr der erste Hahnenschrei den neuen Tag ankündigt. Die Betreuerinnen der Anlage sind ständig um das Wohl ihrer Gäste bemüht und zaubern alle Mahlzeiten im benachbarten Holzhaus.

San Su Si steht für die zaghaften Anfänge, seit dem Ende der ethnischen Konflikte nach 2012 im Ort Lokal- und Pilgertourismus zu etablieren, der durch die Gemeinschaft selbst organisiert wird und der Bevölkerung Einkommensmöglichkeiten neben der Landwirtschaft und dem Handel schafft. Seither entstanden mehrere Unterkünfte und kleine Restaurants aus privater oder kirchlicher Initiative.

Wenn Sie von San Su Si zur Straße heruntergehen und sich von dieser gleich nach rechts in eine Gasse wenden, gelangen Sie bis zum Gipfel des kleinen Hügels aufsteigend zu einer weiteren unerwarteten Sehenswürdigkeit. Heute ebenfalls ein großer Versammlungsraum der Christen von Thandaunggyi, bietet der trutzige, von Algen und Moosen des »Tropenlacks« überzogene Bau des ehemaligen kolonialzeitlichen Gefängnisses einen schönen Ausblick auf die von Teesträuchern bestandenen Hügel um den kleinen Ort.

Adresse 96°40'16.41" E 19°3'57.84" N, Thandaunggyi | **Anfahrt** etwa 400 Meter Fußweg vom zentralen Platz bergab, in scharfer Linkskurve nach Westen, circa 200 Meter bis zum Gebäude | **Tipp** Ab der Ortsmitte kann man einen Spaziergang durch die Teepflanzungen unternehmen (Achtung: Schlangengefahr!).

51 Der Glasnudelmacher

Nudeln auf der Wäscheleine

Auf dem Weg von Taungoo nach Thandaunggyi scheint in einem unscheinbaren Garten Wäsche aufgehängt zu sein. Sieht man näher hin, entpuppen sich die vermeintlichen Textilien als lange, dünne Streifen, die – über Leisten gelegt – tatsächlich trocknen sollen. Der Stoff, aus dem sie gemacht sind, ist Reis.

Reisnudeln werden bei uns auch oft als Glasnudeln bezeichnet, weil sie, anders als die Nudeln aus Hartweizen, durchsichtig zu sein scheinen. Der Garten, in dem sie zum Trocknen aufgehängt sind, gehört zu einem kleinen Betrieb, der mit geringem Aufwand aus Reis diese Glasnudeln herstellt. Die Fabrik ist eher ein mittelgroßer Handwerksbetrieb, der Produktionsablauf zeigt eine sehr kurze Wertschöpfungskette: In einem großen Schuppen lagern Säcke mit Reis, wie sie von den Dreschplätzen nahe den Feldern zunächst zu zentraleren Lagerhäusern und dann in den Verkauf gelangen. Der zweite Grundstoff ist einfach Wasser, in dem Reis wie in einer Mörtelmischmaschine vermengt wird, allerdings nicht zu dem körnigen Reis, der in jedem Restaurant in Myanmar gereicht wird, sondern zu einem zähflüssigen Brei. Dieser wird – zumeist von Familienangehörigen, aber auch wenigen Arbeitern aus der Nachbarschaft – nach dem Prinzip des Fleischwolfs maschinell durch eine Formscheibe mit rund zwei Dutzend Löchern gepresst, aus denen bereits die halb fertigen Nudeln herausquellen. Sie werden in der Fabrikationshalle vorgetrocknet, in etwa einen halben Meter lange Streifen geschnitten, dann nach draußen gebracht und dort über die langen Leisten gelegt, um weiter getrocknet und dabei auch gebleicht zu werden.

Ein Teil der Produktion wird, wenn alle Leisten besetzt sind, auf dem Boden auf Plastikplanen ausgebreitet. Die tropische Wärme der Trockenzeit sorgt dafür, dass die Nudeln schon nach kurzer Zeit portioniert und abgepackt werden – ganz so, wie sie dann in den Handel gelangen.

Adresse 96°27'27.86" E 18°56'44.37" N | **Anfahrt** auf der NH 5 nach Osten fahren, circa 1,2 Kilometer nach der Brücke über den Sittaung, Hofeinfahrt östlich der Pagode auf der Südseite der NH 5, zurückliegende Gebäude | **Tipp** Erlebnisreich ist ein Besuch des Pho Kyar-Elefantencamps circa 60 Kilometer nordöstlich von Taungoo (6,5 Kilometer vom Yangon-Mandalay Highway nach Osten in die Bago-Berge) mit Elefantenreiten, Baden und einem Besuch eines Oozy-Dorfes (Elefantenführer).

52__Der Stadtgraben

Umlaufender Schutz und umzäunter Königssee

Zu Fuß ist man bei der Umrundung eine Weile unterwegs, etwa zehn Kilometer. Aber man kann die alte, mit einem breiten Wassergraben und einem hohen Erdwall mit Mauerkern komplett erhaltene Stadtbefestigung problemlos umlaufen. In der Trockenzeit muss man beim Wassergraben zweimal hinschauen, denn er scheint, voller Wasserhyazinthen und Laichkraut, weitgehend verlandet, aber in der Regenzeit sieht man ihn funktionsfähig. Auch nach der Stadtmauer muss man etwas suchen, denn sie ist weitgehend mit Erde bedeckt und von Sträuchern und Bäumen überwachsen. Nahe dem Westtor wurde ein Stück Mauer freigelegt und ist begehbar; in der Nähe befindet sich auch ein Privatmuseum mit Ausgrabungsfunden.

Die Geschichte von Taungoo beginnt 1191, als König Narapadisithu auf einer Reise zur Shwedagon-Pagode drei von Bäumen überwucherte Pagoden vorfand, die aus der Zeit stammten, als der Buddhismus sich unter Kaiser Ashoka ins heutige Myanmar ausbreitete. Viel später wurden in der Nähe Taungoonge (das »kleine Taungoo«) und 1279 die Stadt Danyawaddy gegründet, von der aus 28 Könige herrschten. 1485 bestieg König Mingyinyo den Thron und gründete 1510 die neue Hauptstadt Ketumadi, das heutige Taungoo. Innerhalb der quadratischen Stadtanlage wurden in allen vier Ecken Klöster und Pagoden errichtet und ein großer natürlicher See in der Südwestecke vergrößert.

Mehrfach wurde die Stadt zerstört, verlegt und wieder restauriert. Der königliche See, Kandawgyi, ermöglichte mehrfach ihre Verteidigung, und auch König Bayint Naung brauchte 1550 vier Monate, um die Stadt einzunehmen. Bis in die jüngste Vergangenheit diente der See der Bevölkerung zur Trinkwasserentnahme, zum Baden und zum Fischen. Als 2005 ein großes Hotel direkt an seinem Ufer gebaut wurde, ließ der Besitzer den See einzäunen. Zur Erholung kann man das Ufer nun, wenn auch nur bis zum Hotel, zu festen Öffnungszeiten umlaufen.

Adresse 96°25'9.15" E 18°57'10.58" N, Taungoo | **Anfahrt** nordwestliche Ecke des alten Stadtgrabens | **Öffnungszeiten** ganztägig ab Sonnenauf- und bis Sonnenuntergang | **Tipp** Sehenswert ist das »Elefantenhaus« an der Nordostecke der Shwe Sandaw-Pagode, so genannt nach den beiden Elefantenfiguren vor dem verfallenen ehemaligen palastartigen Gebäude eines Klosters.

53 Der Treppenbasar

Gesundheitskick der anderen Art

Nur ein Haar von Buddha hält den fast freischwebend wirkenden, vergoldeten »Golden Rock« in der Waage, eine der wichtigsten religiösen Stätten im Land. Ein Strom von etwa einer Million Pilgern im Jahr bewirkt auf dem engen, 1.100 Meter hohen Bergrücken des Mount Kyaikhtio ein einzigartiges Konglomerat aus Kultgebäuden, Gästehäusern, Restaurants und Märkten samt Werkstätten und Wohnraum der Ladenbesitzer. Auf den steil am Hang angelegten Märkten zum Goldenen Felsen und im nördlichen Pagodenbereich herrscht ein florierender Handel mit Wildtierkörperteilen und Mitteln traditioneller Medizin. Mehrere hundert Läden bieten Kadaver, Körperteile wie Schädel, Pfoten, Fußsohlen von Elefanten, Zähne, Geweihe, Fell, Tierhaut und Schuppen, bearbeitete Knochen, vor allem aber duftende Öle, Salben und Pasten an. Fast jeder wirbt mit einem großen Kessel, in dem aus einer individuellen Zusammenstellung von Serau-Kopf, Makaken-Schädel, Vorderläufen des Serau, getrockneter Phyton, Hundertfüßern und vielem mehr Öl und Körperflüssigkeiten in einem mehrwöchigen Prozess aufgefangen und mit duftenden Holzstücken in Flaschen abgefüllt werden. Diese Öle und Salben werden bei Gelenk-, Muskel- und Kopfschmerzen, Hauterkrankungen, gebrochenen Knochen, Linseneintrübungen, Nasenbluten und Schwellungen eingesetzt.

Ein deutliches »No photos!« zeigt die Ambivalenz dieses Handels, denn mehr als 26 offiziell geschützte Tierarten werden gehandelt, darunter 14 von der »Roten Liste« bedrohter Tierarten. Obwohl die staatliche Legislative Instrumente zum Schutz der Wildtiere und zur legalen Nutzung traditioneller Medizin ersann, gibt es Schlupflöcher in den Gesetzen. Lokale Jäger-Dealer-Netzwerke, fehlendes Bewusstsein der Bevölkerung, lokale Armut, Mängel der modernen Gesundheitsversorgung und eine wachsende Nachfrage aus dem asiatischen Raum stehen der schwachen Durchsetzung der Gesetze gegenüber.

Adresse 97°5'52.19" E 17°29'1.91" N, Kyaikhtio | **Anfahrt** mit dem Lkw von Kin Pun Sakhan (circa 15 Kilometer nordöstlich von Kyaikto) auf einer Bergstraße zur 14 Kilometer entfernten Bergstation, zu Fuß circa 850 Meter bis zur Pagodenplattform, Plattform bis in nordwestliche Ecke überqueren, hier Eingang zum Treppenbasar | **Öffnungszeiten** Der Eintritt zur »Kyaikhtiyo Archaeological Zone« kostet 6.000 Kyat (zwei Tage gültig). | **Tipp** Atmosphärisch einzigartig ist der Sonnenuntergang / Sonnenaufgang am Goldenen Felsen. Zu Vollmondzeiten kann es allerdings recht voll werden, da dann bis zu 10.000 Myanmaren auf dem Berg übernachten.

54 Die Myathabeik-Pagode
Karst und Meer

Vielleicht ist Thaton, das frühere Zentrum des Königreichs der Mon, nicht der Ort, an dem man lange verweilen möchte, aber ein ausgiebiger Halt auf dem Weg nach Mawlamyine oder Hpa-an lohnt sich. Von der früheren Bedeutung, als Thaton sich zum Handelsstützpunkt zwischen Indien und Südostasien entwickelte und den Titel »Suvannabhum(i)« – goldenes Land – beanspruchte, ist nicht mehr viel zu erkennen. Die Sedimentation an der Küste machte aus der meernahen Lage eine Binnenlage in 16 Kilometer Entfernung von der Küste. Die Befestigung wurde nach der Eroberung durch König Anawratha 1057 weitgehend zerstört. Die Briten belebten das Handelszentrum nochmals. Die zentrale Kreuzung wird von einem Clock Tower überragt, dicht daneben besucht man die Shwezaryan-Pagode. In dem Städtchen sind zudem noch einige ansehnliche Häuser aus britischer Kolonialzeit erhalten.

Abseits des Getriebes entlang der Durchgangsstraße beginnt am Ende einer kleinen Nebenstraße der Aufstieg zur Myathabeik-Pagode. Der überdachte und damit beschattete Treppenaufgang macht den Aufstieg leicht: Jeweils nach wenigen Stufen befindet sich ein Absatz mit einer gemauerten Sitzbank; Händler bieten Erfrischungen an. Jede hundertste Stufe ist mit einer Zahl markiert. Nach 904 Stufen ist das Ziel erreicht: Die Plattform der Pagode bietet einen grandiosen Ausblick. Nach Westen geht der Blick über die intensiv mit Reis und Obstbäumen kultivierte Küstenebene, nach Osten öffnet sich das Gebirge so weit, dass man einen Einblick in die Waldkulisse erhält, die den Weg nach Süden begleitet. Zahlreiche Erhebungen am Gebirgsrand sind mit Pagoden oder Stupas besetzt, die wie Wegmarken in der Sonne glänzen. Was beim Aufstieg als Besonderheit erschien, wiederholt sich in beeindruckender Weise und vermittelt das Gefühl einer reichen Kulturlandschaft. Hier ahnt man, warum Myanmar so oft als das goldene Land bezeichnet wird.

Adresse 97°22'54.04" E 16°55'31.23" N, Thaton | **Anfahrt** 20 Minuten Fußweg vom Kreisverkehr am New Myoma Market nach Osten, nördlich an der Shwe Sar Yan-Pagode vorbei, zur Bamboo Meshes-Pagode, von dort Aufstieg zur Myathabate-Pagode | **Öffnungszeiten** ganztägig | **Tipp** Von der Pagode aus kann man ein Stück des Pagoden-Wanderwegs erlaufen.

55 __ Über den Thanlwin

Längstes Brückenwunder Myanmars

Von der Uferpromenade Mawlamyines aus lässt sich ein Bauwerk bestaunen, das Beachtung verdient, obwohl es sich bei Weitem nicht um die größte Brücke Südostasiens, aber immerhin über die längste Brücke Myanmars handelt, die dem Automobil- und (eingleisigen) Eisenbahnverkehr und Fußgängern offensteht. Mawlamyine, in britischer Kolonialzeit Moulmein genannt, kann mit dieser Anbindung an das myanmarische Verkehrsnetz als sechstgrößte Stadt Myanmars etwas von seiner früheren wirtschaftlichen Bedeutung wiedergewinnen.

Der zweitgrößte Fluss Myanmars, der Thanlwin (auch: Salween), mündet bei der Stadt in den Golf von Mottama (Martaban) der Andamanensee. Etwa 400 Milliarden Kubikmeter Wasser fließen dort im Durchschnitt jährlich in das Weltmeer, allerdings mit gewaltigen Schwankungen zwischen den abflussreichen Monsun- und den abflussärmeren Trockenmonaten. Den breiten Mündungstrichter, der unter dem Einfluss der Gezeiten ganz unterschiedliche Ausmaße annimmt, zu queren, war eine ingenieurtechnische Herausforderung. Seit 2005 überspannt die Brücke mit etwa dreieinhalb Kilometer Länge die Flussmündung. Man muss die entwicklungspolitische Bedeutung sehen: Vorher war der Süden Myanmars nur mühsam zu erreichen und immer wieder abgeschnitten, weil die Bahn in Mottama endete und es nur eine Fährverbindung oder Schiffsverkehr gab. Für die Anbindung des schmalen, aber wichtigen, immerhin knapp 900 Kilometer langen Küstenstreifens ermöglicht die Brücke eine kontinuierliche Anbindung. Darüber hinaus erleichtert die Brücke mit dem Ausbau des Asian Highway Number 1 einen Zugang nach Thailand, das als benachbarter Handelspartner kontinuierlich an Bedeutung gewinnt. 2006 wurde die Brücke auch für die Eisenbahn geöffnet; dafür mussten eine 2.290 Meter lange nördliche und eine 1.960 Meter lange südliche Auffahrtrampe gebaut werden. Nach neun bis zehn Stunden kann man Yangon nun direkt erreichen.

Adresse 97°37'5.07" E 16°30'39.71" N | **Anfahrt** führt auf der NH 8 von Mottama über den Thanlwin-/Salween-Fluss nach Mawlamyine | **Tipp** Einen eindrucksvollen Blick auf die Brücke haben Sie von der Terrasse des Attaran-Hotels, in dessen Gartenrestaurant man gut essen kann.

56__Die Moschee

Aus Indien geholt

Zwischen 1826 und 1852, als Mawlamyine zur ersten Hauptstadt von British Burma wurde, bauten die Briten die Stadt für die zahlreichen Neuankömmlinge aus. Lebten hier 1830 noch gut 18.000 Einwohner, so stieg die Zahl rasant und erreichte bereits 70 Jahre später etwa 60.000 Personen. Die Ausbeutung der reichen Ressourcen, allem voran Teak und Reis, zog Zuwanderer aus aller Welt an. Mawlamyine entwickelte sich zum Zentrum des Schiffbaus und der Reismühlen. Als »Little England« oder »Little London« charakterisierte man die Stadt damals. In seinem weltberühmten Gedicht »The Road to Mandalay« erwähnt Rudyard Kipling die alte Pagode von Moulmein (wie das heutige Mawlamyine damals genannt wurde; »old Moulmein Pagoda«) – von ihr, der Kayak Than Lan-Pagode, eröffnet sich ein großartiger Blick über die Stadt und den Thanlwin.

Bis heute finden sich in Mawlamyine reiche architektonische Zeugnisse dieser Vergangenheit. Die St. Patrick's Cathedral etwa (1829 gegründet durch die De La Salle-Brüder), das Gefängnis (1908 erbaut und vermutlich der Ort von George Orwells Kurzgeschichte »A Hanging«), zahlreiche koloniale Verwaltungs- und Wohngebäude gehören dazu, oft mit Stilelementen geschmückt, die entfernt an Renaissance- und Barockfassaden erinnern. Unter den Moscheen aus dieser Zeit zählt die Surtee Sunni Jamae-Moschee, 1846–1848 für die moslemischen Offiziere und Beamten in britischen Diensten gebaut, zu den bedeutendsten und prächtigsten.

Die Briten beorderten Hunderttausende von Indern in das damalige Burma, speziell Kolonialbeamte und Arbeiter. Zudem nutzten unzählige Händler die Gunst der Briten, um Geschäfte zu machen – sie alle ließen sich naturgemäß bevorzugt in den Städten nieder. Für sie und von ihnen wurden in der Folgezeit zahlreiche Hindutempel und Moscheen gebaut, sodass Moulmein zahlenmäßig immer mehr zu einer von Indern dominierten Stadt wurde.

Adresse 97°37'6.15" E 16°29'28.4" N, Surtee Sunni Jamae-Moschee, Lower Main Road, Mawlamyine | **Anfahrt** circa 300 Meter südlich des Zentralmarktes an der Westseite der Lower Main Road | **Öffnungszeiten** ganztägig | **Tipp** Einen ganz besonderen Moment kann man beim Sonnenuntergang an der Khaik Than Lan-Pagode erleben, wenn aus den überall installierten Lautsprechern gesungene Mantras erklingen. Leider ertönen die Mantras nicht regelmäßig. Sind die sehr melodischen Klänge jedoch zu hören, verzaubern sie die ohnehin schon wunderschöne Atmosphäre um ein Vielfaches.

57__Die alte Universität

Gebildete Relikte

Zu den vielen öffentlichen Einrichtungen, die die Briten gegen Ende ihrer etwa 125-jährigen Kolonialisierungsgeschichte errichteten, gehören die der höheren Bildung, also Colleges und Universitäten. Die University of Yangon wurde – nachdem seit 1878 ein der University of Calcutta angegliedertes College bestanden hatte – 1920 als erste Universität des Landes gegründet; 1925 folgte als zweite die Universität Mandalay. Mehr einzurichten schien lange nicht nötig, denn die wenigen Angehörigen der Bildungseliten gingen zum Studium bevorzugt nach Großbritannien, und die politische Prioritätensetzung lag nicht auf einer Langzeitförderung der Bildung. Erst 1953 folgte dann die dritte Hochschule: Mawlamyine, gegründet als Moulmein Intermediate College, 1964 aufgewertet zum Mawlamyaing Degree College; 1986 erhielt die Hochschule schließlich den Status einer Universität.

»Alte« Universität mutet von daher etwas euphorisch an, ist aber deshalb richtig, weil der heutige Standort der Mawlamyine University am östlichen Stadtrand jenseits der Bergkette, in einem großen schönen, auch landschaftlich ansprechend gestalteten Campusareal, der neue Standort ist. Das Gebäude, architektonisch-stilistisch dem britischen Ambiente nachempfunden, wirkt baulich etwas vernachlässigt – kein Wunder angesichts der enormen monsunalen Niederschlagsmengen und zahlreicher Tropenstürme der letzten Jahrzehnte. Die Gebäude des North Campus sind deshalb bemerkenswert, weil sie Präsenz innerhalb der Stadt markieren – anders als die üblicherweise außerhalb der Stadt liegenden universitären Campusgelände. Und wenn man über das Gelände schlendert, entdeckt man ansprechende, typische Lehr- und Lernatmosphäre und lebendige Repetitionskultur. Universitäten werden immer präsenter in der Öffentlichkeit, nicht nur zum Erwerb von Ausbildung und Zertifikaten. Und übrigens zunehmend internationaler. Hier ist ein solcher Ort.

UNIVERSITY OF MAWLAMYINE (NORTH CAMPUS)

Adresse 97°37'30.58" E 16°29'10.82" N, Upper Main Road, Mawlamyine | **Anfahrt** vom Zentralmarkt die Lower Main Road an der großen Moschee vorbei Richtung Süden, nach circa 400 Metern nach Osten in die Ye Baw Gone Street abbiegen bis zum Kreisverkehr an der Upper Main Road, circa 450 Meter nach Süden bis zur St. Patrick's Church, Zugang von der Nordseite der Kirche | **Tipp** Sehr schöne Parks befinden sich an der Upper Main Road, dazu koloniale Kirchen wie zum Beispiel die St. Matthew's Church (Upper Main Road/U Zina Phayar Street).

58 Die Uferpromenade

Pünktlicher Möwenformationsflug

Die alte Mon-Stadt Mawlamyine am Mündungsbereich des Thanlwin / Salween, des zweitgrößten Flusses des Landes, die später sogar für ein Vierteljahrhundert die Hauptstadt von Britisch Indien war, hat ihren kolonialen Charme in vielen Straßen erhalten. Sie ist quirlig und lebendig in der Nähe der verschiedenen Märkte der Stadt, jedoch leise und gelassen abseits dieses geschäftigen Treibens. Man vergisst leicht, dass die Stadt nach Yangon, Mandalay und Nay Pyi Taw zu den größten Städten im Land gehört. Die Vielzahl an städtischen Kulturerbe-Stätten, seien es die Klöster und Pagoden auf dem Berg, die kolonialen Häuser oder auch mehrere Kirchen und Moscheen, laden zu einem gemütlichen Bummel durch die Straßen ein. Besonders schön sind am Abend die Sonnenuntergänge über der westlich vorgelagerten Insel Bilukyun, auch Ungeheuer-Insel genannt, die am besten von der erhöht liegenden Kyeik Than Lan-Pagode zu bestaunen sind.

Dies ist auch der Zeitraum, in dem die Strand Road nördlich des Myoma-Marktes zum Leben erwacht. Familien mit Kindern, Liebespaare und Teenager auf ihren Mopeds bevölkern die Uferpromenade, um ein spezielles Spektakel mitzuerleben. Pünktlich zum Sonnenuntergang fliegen Seemöwen in Erwartung auf Futter schwarmartig von Nord nach Süd die Promenade entlang und fangen geschickt die ihnen zugeworfenen getrockneten Reisbällchen. In einer großen Schleife fliegend, wiederholen sie dieses Schauspiel, bis die Sonne untergegangen ist. Die Flugkünste der Vögel sind beeindruckend, denn trotz hoher Geschwindigkeit, verbunden mit Ausweichmanövern beim Fangen der Nahrung, kommt es nicht zu Kollisionen zwischen den Tieren. Snack- und Getränkeverkäufer vervollständigen das abendliche Ereignis, das in Kombination mit dem Sonnenuntergang, dem leichten Luftstrom vom Flügelschlag der Möwen und der Meeresbrise in tropischer Umgebung zu einem schönen, kurzweiligen Erlebnis wird.

Adresse 97°37'5.16" E 16°29'51.54" N, Strand Road, Mawlamyine | Anfahrt Promenade
am Strand-Hotel | Öffnungszeiten Das Spektakel beginnt zwischen 17 und 17.30 Uhr und
dauert an, bis die Sonne untergegangen ist. | Tipp Tagsüber bietet sich eine Tour durch die
verschiedenen Märkte an: Central Market, New Market (Tabak und Gewürze), Gemüse
und Fleischmarkt am Stadion, kleiner Straßenmarkt nördlich des Gefängnisses, Thanlwin-
Markt (Fisch) an der Lower Main Road an der Ecke zur südlichen Strand Road.

59_Ywalut Village
Pfeifen für die Welt

»Herr Meier aus Deutschland hatte die Idee. Ich gab ihm eine als Geschenk, und er meinte, sie sei einfacher zu transportieren, wenn man den Kopf abschrauben könnte.« Die Rede ist von einer langen Pfeife mit stolz herausragendem Pfeifenkopf. Die Geschichte erzählt einem mit gewinnendem Lachen der Besitzer des Handwerksbetriebs, in dem vor allem Pfeifen und Spazierstöcke, hölzerne Vasen und ab und zu Elefantenstoßzähne geschnitzt werden – aus Holz natürlich –, wenn ein Kunde sie ordert.

Um ihn zu erreichen, ist ein mühsamer Weg zurückzulegen, mit der Fähre vom Festland auf die Insel, per Motorradtaxi ins Dorf. Von Mawlamyine ist man zwei Stunden unterwegs. Inmitten eines Dorfes in einem Familienhaus mit angegliederter Werkstatt arbeiten Vater und Sohn mit einfachen Werkzeugen, neuerdings mit etwas unterstützender Technik beim Drechseln.

Qualitätserzeugnisse in Handarbeit werden hier erstellt, schon in der vierten Generation. Einige Pfeifenköpfe stellen Tiger dar, Drachen oder einen Pfau, andere, auf Kundenwunsch, bilden berühmte Persönlichkeiten ab. Die Erzeugnisse der Arbeit werden nach Mandalay und Taunggyi verkauft, manchmal nach Deutschland, Indien, China, Thailand, Taiwan und Saudi-Arabien exportiert – indirekt, über helfende Händler. Auch der Besitzer hat einen weiten Weg zurückzulegen: In der Peripherie kann sich ein Handwerker, ein Künstler, halten, wenn er gut vernetzt ist.

Der Insel ist eine große Zukunft vorhergesagt: Eine Brücke und ein Industriegebiet sind geplant. Für den Familienbetrieb ist das eine gute Nachricht: »Viele Touristen werden uns besuchen. Manchmal kommen sie nur zum Anschauen und fragen, ob sie dafür etwas bezahlen sollen. Das möchte ich aber nicht. Denn die Regierung hat gesagt: ›Please warmly help to tourists.‹ Sie geben viel Geld aus, um zu uns zu kommen, so will ich helfen, dass alles angenehm für sie ist.« Er meint es genau so.

Adresse 97°30'51.29" E 16°26'7.3" N, Thain Pan Ward, Ma Kinn Street, No. 55, Ywalut | **Anfahrt** Die Insel ist mit den Fährbooten von der Promenade aus zu erreichen. Mit dem Motorrad-Taxi geht es dann nach Ywalut. Erst kürzlich wurde die Brücke zur Insel eröffnet, sodass Ywalut auch mit dem Auto zu erreichen ist. | **Tipp** Entlang des Weges nach Ywalut kann die Herstellung von Schiefertafeln beobachtet werden.

60___Zwegabin Mountain
Im Schweiße des Aufstiegs

Empfangen wird man im Lumbini Buddha Garden von Hunderten, in vielen langen Reihen angeordneten, übermannsgroßen Buddhastatuen in einem etwas verwilderten Ambiente. Vom Parkplatz, bei dem sich auch einfache Restaurants befinden, beginnt ein schweißtreibender Anstieg auf einem Weg, der zwar großenteils als Treppe angelegt ist, aber wegen der ungleichen Stufenhöhe eine gewisse Herausforderung an den sicheren Tritt darstellt. Nach etwa einem Viertel des Weges ist eine Rast neben einer Klosteranlage möglich, und dann gibt es vor Beginn des letzten Viertels nochmals einen informellen Verkaufsstand, an dem Erfrischungsgetränke und Chips angeboten werden. Wer Zeit hat, sollte beide Rastplätze nutzen, um auch die vorüberziehenden Besucher zu beobachten. Speziell vielen Jugendlichen macht der Aufstieg sichtlich Spaß. Mit einem einfachen Restaurant besteht am Gipfel eine gewisse touristische Infrastruktur.

Der 772 Meter hohe Zwegabin Mountain besteht aus Kalk und ist ebenso wie die steil aufragenden Berge der Nachbarschaft ein Produkt tropischer Verwitterung. Sie schuf schroffe, fast unzugänglich anmutende Felsformationen, die teilweise von üppiger Vegetation überdeckt sind. Das Kloster mit seinen Nebenanlagen auf dem Gipfel mag an abgelegener und schwer zugänglicher Stelle entstanden sein, ist heute aber Ziel zahlreicher Besucher eines Pilgertourismus, vor allem aus Myanmar, seit der offiziellen Grenzöffnung in Myawaddy im Jahr 2014 zunehmend auch aus Thailand.

Die oberste Plattform darf nur barfuß betreten werden – und die Fußsohlen werden fast von selbst sehr schnell die beschatteten Flächen auf dem sonnenerhitzten Boden suchen. Aber die Aussicht lohnt die Anstrengung: Weitere Höhen des Bergmassivs sind von kleineren Kultbauten gekrönt, darunter liegt die weite, ackerbaulich genutzte und dicht besiedelte Ebene des Thanlwin, im Hintergrund ragen andere Kalkgipfel auf.

Adresse 97°40'7.12" E 16°49'27.05" N | **Anfahrt** von Thaton auf der NH 85 circa 42 Kilometer bis zur Brücke über den Thanlwin, nach 2 Kilometern nach Süden abbiegen, nach weiteren 2 Kilometern nach Osten, dann nach 4 Kilometern Einfahrt zum Lumbini Buddha Garden und Aufstieg zum Zwegabin; von Mawlamyine circa 55 Kilometer, von Hpa-an circa 11 Kilometer, kürzerer, sehr sportlicher Direktaufstieg von der Ostseite möglich | **Tipp** An den vielen Seen um den Berg herum kann man den Fischern beim Auswerfen der Wurfnetze zusehen.

61 Die Kyauk Ka Lat-Pagode

Inmitten des Weltenmeers

Die Aussicht ist atemberaubend: Ringsumher blaue Seen, sattgrüne Reisfelder, zerklüftete Bergketten, steil aufragende Felsnadeln. Am Ende der Regenzeit ist die Landschaft in intensivste Farben getaucht. Von der Spitze des Felsens, auf den man zum kleinen Kloster steigen kann, sieht man auf die eindrucksvolle Karstlandschaft der Region um Hpa-an. In den linienförmig verlaufenden bewaldeten Gebirgsketten und den einzelnen, steilen Turm- und Kegelkarstfelsen verbergen sich unzählige Höhlen und Grotten mit beeindruckenden Tropfsteinformationen. In vielen Höhlen finden sich Zeugnisse prähistorischer Siedler. Heute stehen hier Stupas, Schreine und Altäre.

Der tiefere Sinn des Aufstiegs zur Felsspitze liegt für die Einheimischen natürlich nicht im Genießen der schönen Aussicht, sondern im Besuch des Klosters, doch beides widerspricht sich nicht: Sich am Schönen zu erfreuen und zum Staunen und Schauen angeregt zu werden, ist Teil des meditativen Erlebens von Außeralltäglichkeit. Man steigt im wahrsten Wortsinn in höhere Sphären. Dahinter stehen Vorstellungen aus der indischen Kosmologie, die mit dem Buddhismus nach Myanmar gelangten: Ein hoher Berg, insbesondere ein einzeln und im Wasser stehender, symbolisiert den heiligen Berg Meru. Um diesen Sitz der Götter, auf den alle Sphären der Welt ausgerichtet sind, liegt kreisförmig das durch Ringwälle in einzelne Sphären geteilte Urmeer. Die bewohnte Erde wird durch zwei Achsen in die vier Himmelrichtungen geteilt und vom Urmeer in seiner Ausdehnung begrenzt.

In der realen Welt sind es natürliche oder künstlich angelegte Berge und Gewässer mit aufgesetzten Klöstern. In großen Tempelkomplexen werden die hierarchisch abgestuften zentral-peripheren Sphären des Daseins architektonisch gestaffelt. Die nach den vier Himmelrichtungen ausgerichteten Terrassen abnehmender Höhe liegen konzentrisch um den symbolischen Weltenmittelpunkt.

Adresse 97°38'25.98" E 16°49'6.36" N | **Anfahrt** 4 Kilometer westlich vom Lumbini Buddha Garden | **Öffnungszeiten** ganztägig | **Tipp** Etwa elf Kilometer entfernt von Hpa-an Zentrum an der AH1 in südöstlicher Richtung liegt neben der sehenswerten Kaw Ka Thaung-Höhle ein aus einer Quelle gespeister Swimmingpool, der zur Erfrischung einlädt.

62__Saddan Cave

Große Dunkelheit mit Fledermäusen

Am südlichen Ende des Bergzugs, der im Zwegabin gipfelt, hat das Wasser im Kalkmassiv eine lang gestreckte Höhle entstehen lassen. Es ist eine von mehreren Höhlen, die nahe Hpa-an für Besucher erschlossen sind. Für die buddhistische Bevölkerung ist sie gleichermaßen Ausflugsort und Kultstätte, für den ausländischen Besucher eine entlegene Attraktion. Die Achtung vor den religiösen Gepflogenheiten gebietet auch dem Fremden, die Höhle nur barfuß zu betreten.

Hinter dem eher unscheinbaren Zugang öffnet sich eine riesige Halle, untergliedert durch kleine Bodenschwellen oder Kalkkonkretionen mit einzelnen Stalagmiten und Stalaktiten. Der Weg für die Besucher schlängelt sich über etwa anderthalb Kilometer durch das Höhlensystem, überwindet mit Treppen den Höhenunterschied zwischen einzelnen Abschnitten, die wie hintereinanderliegende Hallen wirken und auch bei der spärlichen Beleuchtung immer neue Ausblicke entstehen lassen.

Nicht alle Abschnitte der Höhle sind naturbelassen. Vor allem im vorderen Teil sind die Wände teilweise mit Beton stabilisiert, eine Praktik, die man bei zahlreichen Höhlen Südostasiens antrifft. Einige Nebenhöhlen sind verschlossen, sodass kein Besucher sich verirren kann. Immer wieder trifft man beim Gang durch die Höhle auf religiöse und mythologische Figuren: einen großen liegenden Buddha, zahllose kleine, in den Fels eingefügte und vergoldete Buddhafiguren und Tiergestalten. Hat man den Ausgang erreicht, wird der Blick auf die tropische Landschaft gelenkt. Von dort ist die Rückkehr zum Parkplatz entweder mit dem Boot oder zu Fuß über einen schmalen Pfad möglich.

Schon die Fahrstrecke zur Höhle fasziniert; man nähert sich dem Haltepunkt auf ungeteerten Fahrwegen, die durch dörfliche Siedlungen mit einfachen Behausungen, die noch auf traditionelle Art mit getrockneten Blättern gedeckt sind, und durch ausgedehntes Agrarland mit Reisanbau führen.

Adresse 97°43'7.42" E 16°44'23.72" N | Anfahrt etwa 11 Kilometer vom Lumbini Buddha Garden, westlich am Bergrücken entlang, auf unbefestigter lokaler Straße bis zum Parkplatz an Saddan Cave | Tipp An den steilen Karstfelsen in der Umgebung sieht man reiches Vogelleben; die Tiere nisten in Felslöchern.

63 Die Tagespendler
Die durchlässige Grenze zu Thailand

Die Querung der letzten Bergkette auf dem Weg von Hpa-an nach Myawaddy lässt den Autofahrer staunen: Der AH 1, Teil des Asian Highway Network, wegen der Reliefunterschiede kurvenreich und bisweilen steil, wurde mit gewaltigen, künstlich terrassierten Böschungen durch den Bergzug geschlagen, ein myanmarisch-thailändisches Gemeinschaftswerk, das auf den wachsenden wirtschaftlichen Einfluss des östlich angrenzenden Nachbarlandes verweist. Damit ist es nicht mehr erforderlich, die ursprüngliche, alternierend tageweise für die beiden Richtungen befahrbare Straße über das Gebirge zu benutzen. Unmittelbar an der Grenze ist eine quirlige Stadt gewachsen, in der thailändische Auto- und Motorradkennzeichen auftreten. Hinter der Passkontrolle quert die moderne Freundschaftsbrücke den Grenzfluss Thaungyin / Moei; auf ihr findet der Spurwechsel statt, denn Myanmar hat nach der Lösung aus dem Britischen Weltreich den Rechtsverkehr eingeführt, während man in Thailand links fährt.

Wenige Meter weiter kann die Grenze auf andere Weise gequert werden: Motorboote für zehn bis 20 Personen legen innerhalb einer knappen Minute den kurzen Weg von der Anlagestelle an einer Treppe auf myanmarischer Seite zum naturbelassenen Ufer auf der thailändischen Grenze zurück. Auf die Situation aufmerksam geworden, entdeckt man auch auf der thailändischen Seite kleine Personengruppen, die am Flussufer zum dortigen Anlegepunkt gehen. Es handelt sich dabei überwiegend um myanmarische Tagespendler, die sich auf thailändischer Seite um Arbeit bemühen.

Ausländern kann dieser informelle Grenzübertritt nicht empfohlen werden, denn die Rückkehr wäre eine illegale Einreise, und in Thailand würde der für die Ausreise notwendige Einreisestempel fehlen. Aber die Grenze ist seit August 2014 für Ausländer geöffnet, wenn sie die reguläre Abfertigung an den Brückenköpfen durchlaufen.

Adresse 98°30'59.17" E 16°41'27.86" N, Myawaddy | Anfahrt über den National Highway AH 1 bis an die Grenze fahren, Thaungyin / Moei, Grenzfluss zwischen Myanmar und Thailand in Myawaddy | Tipp Interessant ist das Umschlagszentrum des thailändisch-myanmarischen Handels am westlichen Ortseingang von Myawaddy, circa 100 Meter östlich des City Petroleum Thai Cuisine Restaurant, beidseitig der Myawaddy-Thin Gan Nyi Naung Road.

64 Das Eisenbahndenkmal

Das unbekannte Ende der »Death Railway«

Erinnern Sie sich an das Buch und den Film »Die Brücke am Kwai«? Der westliche Endpunkt der über 400 Kilometer langen Eisenbahnstrecke, die die japanischen Besatzer im Zweiten Weltkrieg zwischen Thailand und Birma anlegen ließen, wird heute 65 Kilometer südlich von Mawlamyine von einem kurzen Schienenabschnitt mit der restaurierten Lokomotive C5031 markiert. Die drei Betonfiguren davor zeigen einen japanischen Soldaten und zwei Kriegsgefangene. Das Museum informiert mit Karten und Fotos.

Die Eisenbahn musste in kürzester Zeit von Kriegsgefangenen und Zwangsarbeitern – man spricht von 55.000 Kriegsgefangenen und mehr als 200.000 Zwangsarbeitern – erbaut werden. Die harten Arbeitsbedingungen (lange Arbeitszeit, wenig Essen, Krankheiten, unzureichendes Werkzeug und harte Bestrafung bei geringsten Verstößen) kosteten Tausenden von Menschen das Leben; genaue Zahlen existieren nicht, die Angaben schwanken zwischen 16.000 und 82.000 Personen. Am 17. Oktober 1943 war die Bahnstrecke vollendet. In Betrieb war die Bahn allerdings nur 17 Monate, obwohl sie eine Verbindung zur birmanischen Küsteneisenbahn herstellte.

In unmittelbarer Nähe liegt, bereits 1946 von Aung San eingeweiht, der zweitgrößte Soldatenfriedhof Myanmars mit 3.771 Gräbern. Das Gedenken gilt den alliierten Soldaten, die im Kampf gegen japanische Soldaten oder beim Bau der »Todeseisenbahn« ihr Leben verloren. Die Commonwealth War Graves Commission betreut die Anlage.

Der Süden Myanmars ist noch relativ unbekannt. Das heutige Kyaikkami, neun Kilometer nordwestlich von Thanbyuzayat, war als britisches Amherst in der Kolonialzeit ein Ort, von dem aus die Missionierung Südostasiens betrieben wurde und der den Briten als Badeort diente. Bis heute kann man in den christlichen Kirchen des Ortes Zeugnisse – Spenden- und Gedenktafeln oder Kunsthandwerk – besichtigen, die auf das aktive Gemeindeleben zu britischer Zeit hinweisen.

Adresse 97°43'46.04" E 15°57'23.24" N, Thanbyuzayat | **Anfahrt** von Mawlamyne circa 60 Kilometer Richtung Süden bis nach Thanbyuzayat, Museumsgelände etwa 1,5 Kilometer südlich vom Stadtzentrum nach Überquerung der Eisenbahngleise auf der linken Seite | **Öffnungszeiten** Das Death Railway Museum und der kleine Park sind täglich von 10 bis 16 Uhr geöffnet, es muss Eintritt bezahlt werden. | **Tipp** Es lohnt ein Besuch des Weltkriegsdenkmals auf dem Soldatenfriedhof des Zweiten Weltkriegs an der Hauptstraße westlich des Bahnüberganges.

65 Die Meerespagode
Waten oder warten

Bei Hochwasser gibt es kein Entkommen, dann muss man bis zur nächsten Ebbe ausharren, um zu Fuß zurück zum Festland zu gelangen. Da die Brandung heftig und die Wellen unberechenbar sind, können auch Boote nicht festmachen. Kurz: ein Ort für temporäre Einsamkeit, Einkehr, Einsicht. Wahrscheinlich hat ein aus dem Ebbeschlick herausragender Sporn die Idee inspiriert, hier einen kleinen Stupa ins Meer hineinzubauen. Malerisch liegt er jedenfalls da, während der Flut der Wellengewalt trotzend, eingebettet in das allumfangende Meer.

Der Stupa gehört zur Kyaikkhami Yele-Pagode, die auf einem flachen Felsen am Meeresrand errichtet wurde und mehrere Haare Buddhas beherbergen soll. Der feste Untergrund begünstigte die frühe Siedlungsanlage am Meer. Im Laufe seiner bewegten Geschichte hat Kyaikkhami mehrfach »den Besitzer gewechselt«. Zeitweise gehörte der Ort – damals mit dem Namen Chiang Kran – zum großen thailändischen Reich Ayutthaya, das 1767 zerstört wurde. Nachdem die Stadt – wie die beiden Küstenregionen Arakan und Tenasserim (heute: Rakhine State und Tanintharyi Region) – unter William Amherst, 1st Earl Amherst, dem späteren Generalgouverneur von Indien, im Zuge des ersten Anglo-Birmanischen Kriegs (1824–1826) eingenommen worden war, benannten die Briten sie in Amherst um. Danach schufen sie hier mit der Etablierung ihres Militärhauptquartiers eine Art erster Hauptstadt, auch wenn der Ort diesen Status offiziell nicht erhielt. Die älteste Kirche Myanmars erinnert an den amerikanischen Missionar Adoniram Judson (1788–1850), den ersten, der viele Jahre im Land wirkte. Er und seine Frau Ann erarbeiteten nicht nur die erste Bibelübersetzung ins Birmanische, sondern schufen auch das erste Birmanisch-Englische Wörterbuch; ferner übersetzten sie einen Katechismus und mehrere Bücher ins Birmanische. Adoniram wurde auf See bestattet, das Grab von Ann kann man in Kyaikkhami besuchen.

Adresse 97°33'28.14" E 16°4'56.90" N, Kyaikkhami | **Anfahrt** auf der NH 8 63 Kilometer von Mawlamyine nach Süden bis Thanbyuzayat, hier nach Westen in Richtung Kyaikkhami abbiegen, der Straße 24,5 Kilometer bis zum Ende folgen, zu Fuß den überdachten Gang zur Pagode, an der nördlichen Ecke bei Ebbe über den schmalen Pfad zur kleinen Pagode auf dem Fels laufen | **Tipp** Ein Abstecher zum lokal sehr beliebten Setse Beach am Golf von Martaban zwischen Thanbyuzayat und Kyaikkami lohnt sich. Es handelt sich um einen sehr belebten Strand, an dem man aber keinen weißen Sand erwarten sollte!

66 Das Quartier der Fischer
Frisch-Trockenfisch

Der Geruch ist umwerfend, und hier zu leben nur schwer denkbar. Die Quelle ist schnell ausgemacht: auf Holzgestellen oder Gitterrahmen trocknender Fisch oder Tintenfisch oder auf Planen zum Trocknen ausgelegte Garnelen. Die Holzhäuser in Hafennähe stehen auf Stelzen im hochwassergefährdeten Gebiet mit einfachen Sanitäranlagen in winzigen Gärten, Trinkwasserversorgung durch Tankwagen – und mit einem Abwasserproblem. Erst circa 500 Meter vom Ufer entfernt verändert sich die Baustruktur zu festen Häusern. Aber auch hier finden sich Trocknungsgestelle und geschäftige Frauen, die den frischen Fisch ausnehmen und entweder in lange Streifen schneiden oder kunstvoll für den Trocknungsprozess sternförmig auffächern. Nicht selten sieht man auch Haifischflossen – eine Delikatesse für den chinesischen Markt – oder auch kleine Walhaie. Letztere dürfen nicht gefischt und gehandelt werden, landen aber oft als Beifang auf dem Fischmarkt. Trotz strengen Geruches spannend zu beobachten ist der Verarbeitungsprozess des Fisches von der Anlandung über den Ankauf bis hin zur Aufbereitung und Trocknung.

Zu finden ist das alles im Fishermen's Quarter, einem Viertel in Hafennähe der größten Stadt in Tanintharyi im Süden Myanmars. Myeik oder Mergui, wie es zu Kolonialzeiten hieß, ist das größte Fischanlandungszentrum an der mehr als 1.200 Kilometer langen Küste der Region – nicht einberechnet die Küste der über 800 Inseln. Vorherrschend in der traditionellen Ökonomie ist die Fischerei. Gefangen wird in Kleinstfischerei, in erster Linie zur Subsistenzsicherung, und in kommerziell betriebenen Trawlern, für den Export nach Yangon und insbesondere nach Thailand. Myeik ist nicht nur größtes Trockenfisch-Gebiet, sondern auch landesweit berühmt für seine Fisch- oder Shrimp-Paste: Ngapi, die scharfe salzige Paste aus klein gehacktem fermentierten Fisch, fehlt auf keinem Mittagstisch.

Adresse 98°36'2.41" E 12°25'44.16" N, Fishermen's Quarter, Myeik | **Anfahrt** westlich des Flugplatzes zwischen zwei Kanälen und dem Hafen, südöstlich des Stadtzentrums | **Tipp**
Spannend ist es, mit einem Guide eine Tagestour zu speziellen Handwerksbetrieben und kleinen Industriebetrieben (Broom Factory, Cashew Nut Processing Factory, Spring Roll Paper Factory, Lobster Storage, Soft Shell Crab Farm usw.) zu machen. Dabei sollte man die bei den Einheimischen beliebte Snacktime in den Tea Shops genießen.

67 Das Dorf an der Küste

Zerstörung und Wiederaufbau

Ein Deich an einer Küste, wer kennt das nicht? Um die Menschen vor dem Meer zu schützen. Vor der täglichen Flut, vor Springtide und Sturmfluten – auch vor Tsunamis und tropischen Wirbelstürmen? In Mingalar Thaungthan bekommt man eine Ahnung davon, wie unterschiedlich der Mensch auf eine Katastrophe reagieren kann.

Nach vielen Stunden Fahrt, ab Pathein durch das Ayeyarwady-Delta mit einem nicht zu breiten Motorboot Richtung Küste, durch die zahllosen Flussarme und natürlichen Kanäle, erreicht man von Nipapalmen gesäumte, immer schmaler werdende Gewässer – klar, dass das Boot schmal sein muss. Die Mangrovenwälder werden immer dichter, man sieht die vielen nach oben wachsenden Atemwurzeln der Mangroven, Schlammspringer, die durch den Schlick gleiten, Milliarden kleiner Fische und Schnecken. Wieder an Land, ist man noch eine halbe Stunde zu Fuß zum Dorf an der Küste unterwegs.

Inmitten der endlosen flachen Weite des Deltas erblickt man plötzlich einen Deich. Gut 20 Meter hoch, ein aufgeschobener Erdwall, obendrauf eine Schotterstraße. Dahinter das Dorf. Dahinter? Erklärungsversuche bleiben dürftig: Um Dorf und Straße vor dem Rückstau der gen Meer strömenden Wassermassen im Monsun zu schützen? Weil die Menschen die Häuser meerseits des Deiches gebaut haben, um näher an ihren Booten zu sein, mit denen sie für den Fischfang zur See fahren? Man erfährt nichts dazu. Aber davon, dass das Dorf nach dem verheerenden Wirbelsturm Nargis, der 2008 fast 200.000 Menschen in den Tod gerissen und fast zweieinhalb Millionen Menschen ihrer Lebensgrundlage beraubt hatte, wieder aufgebaut wurde. Ein großzügiger privater Spender unterstützte den Wiederaufbau. Gut 100 einfache, gleich gestaltete Häuser auf niedrigen Stelzen geben den Menschen wieder Hoffnung. Der Deich: Man hatte ihn nicht. Aber hätte er bei Nargis überhaupt geholfen? Die Wellen waren mancherorts bis zu sechs Meter hoch.

Adresse 95°48'27.75" E 16°10'0.76" N, Mingalar Thaungthan | **Anfahrt** von Pyapon zwei-stündige Motorbootfahrt auf dem Pyapon River nach Süden, nach circa 8,5 Seemeilen (16 Kilometer) nach Osten in den Kyon tut gyi Chaung, den gewundenen Kanal, bis Kyon Lut Ta Man fahren (4,8 Seemeilen, 9 Kilometer), zu Fuß durch Reisfelder und an Shrimp-Pools vorbei circa 3 Kilometer nach Mingalar Thaungthan | **Öffnungszeiten** in Pyapon im Hotel oder am Markt nach einem Bootstransfer ins Delta fragen | **Tipp** Je nach Wasser-stand kann man in den enger und flacher werdenden Kanälen bis Mya Sein Kann fahren – für den Rückweg bietet sich ein Spaziergang nach Kyon Lut Ta Man an, entlang des von Nipapalmen gesäumten Kanals mit seinen Häusern und zum Teil noch Resten der Zyklon-Katastrophe Nargis von 2008.

68 Das Kolonialviertel
Vielschichtige Vergangenheit

Beim ersten Blick auf Pathein sieht man schon fast alles, was die Stadt ausmacht: die weithin sichtbare Pagode und das belebte Flussufer. Alt ist und bedeutend war die Stadt – vor allem in den Zeiten, in denen die weltumspannenden Verkehrswege vorwiegend über das Meer gingen. Unter Kaiser Ashoka (304–232 vor Christus) gelangte der Buddhismus so nach Myanmar, die Gründung der Shwemokhtaw-Pagode fiel der Legende zufolge in diese Zeit.

Mit der europäischen Kolonialzeit änderte sich dann alles grundlegend. Doch für Pathein wäre es zu einfach, die Epoche allein auf »die Briten« zu reduzieren oder von »der Kolonialzeit« zu sprechen, und diese begann auch nicht erst 1824 mit dem ersten Anglo-Birmanischen Krieg. Denn als erste Europäer bauten die Portugiesen bereits 1511 nach der Einnahme Malakkas ihr System der »carreiras«, der Fahrwege, in Festland-Südostasien aus. Ihr Handelsnetz reichte bis nach Cosmin, wie Pathein damals hieß. Die Portugiesen unterstützten die Könige Arakans und Birmas auch mit Wehrtechnik und im Verteidigungswesen. Nach 1610 wurden sie durch die Holländer, speziell die mächtige Dutch East India Company, verdrängt, die ihrerseits im Zuge der späteren Expansion der British East India Trading Company nach 1795 ihren Einfluss verlor. Nach dem gewonnenen Krieg 1826 bauten die Briten Pathein mit Fort und Hafen zum Garnisonsstandort und Umschlagplatz für den Rohstoffexport aus dem Landesinneren aus.

Die wechselvolle Entstehungsgeschichte der Stadt ahnt, wer sich auf Entdeckungstour begibt: In den geschäftigen Hauptstraßen des Zentrums stehen stattliche Kolonialbauten in recht ursprünglichen Zustand, ebenso auf großen Grundstücken in den sich östlich anschließenden Wohngebieten. Ein Kleinod sind die einzigen beiden noch dampfkraftbetriebenen Reismühlen: Die Sein Myitta Nal Myay Rice Mill verwendet noch die von den Briten aus Ipswich importierten Maschinen.

Adresse 94°43'56.32" E 16°46'40.27" N, Merchant Street/Ecke Bwat Kyi Tan Road, Pathein | **Anfahrt** südlich des Zentralmarktes und des Shwe Pyi Thar-Marktes | **Tipp** Es lohnt sich, auch mal auf das Westufer überzusetzen, von wo man einen schönen Ausblick auf die ehemalige Kolonialstadt hat.

69__Das Schirmmacherviertel
Familienhandwerk mit Weltruhm

Schon 250 Kilometer vor dem Ozean breitet sich Myanmars längster Fluss, der Ayeyarwady, in einem bis über 150 Kilometer breiten riesigen Deltagebiet raumgreifend aus. Die koloniale Hafenstadt Pathein, an einem der westlichen großen Abflüsse, dem Pathein- oder Nga-Wun-Fluss, am Fuße der südlichen Ausläufer des Rakhine-Gebirges gelegen, ist die Hauptstadt dieser Region. Sie ist nicht nur einer der wichtigsten Umschlagplätze für Reis, sondern auch ein wichtiges handwerkliches Zentrum der weltweit bekannten Schirmmacher.

In Familienbetrieben werden die bunten dekorativen Schirme in Größen von 28 Zentimeter bis über drei Meter Durchmesser in gut abgestimmten arbeitsteiligen Prozessen hergestellt. Das Grundgerüst, bestehend aus dünnen Bambusstangen, eingefädelt in einer Bambusnabe, befestigt auf einem gedrechselten Bambusstab, wird mit geschöpftem Baumwollstoff beklebt und kunstvoll mit schwarzen Ornamenten auf diversen Farbgründen verziert. Durch einen geschnürten Schließmechanismus leicht auf- oder zuklappbar und abschließend mit spezieller Lackfarbe wasserdicht überzogen, dienen sie als Sonnenschirm bei Hochzeitsempfängen, als Dekorationsobjekte in platzverwöhnten Haushalten und in schlichter rot-brauner Version als Sonnenschutz für die Mönche.

Eines der nicht nur in Myanmar berühmten alten Familienunternehmen ist der »Shwe Sar Umbrella Workshop«. Hinter den Geschäftsräumen sitzen die Mitarbeiter in der Werkstatt auf leicht erhöhten Bambusplattformen, umgeben von Bambusstangen, Klebe- und Farbtöpfen, Schnüren und Baumwollstoffen, umspielt von einzelnen Sonnenstrahlen, die durch enge Ritzen in den Dächern scheinen, und fertigen in perfekter Abstimmung der Arbeitsschritte die wundervollen Schirme. Ein ganz besonderer Anblick ist die auf dem Rasen des Hinterhofes trocknende, in der Sonne leuchtende, aus allen Größen zusammengestellte farbenprächtige Schirmkollektion.

Adresse 94°44'45.77" E 16°47'32.44" N, Min Yat Tan Road, Pathein | **Anfahrt** vom Hafen 2 Kilometer über die Kozu Road, die Tadargyidan Road und die Pathein Road nach Osten, abbiegen nach Nordwesten auf die Sakawar Road, nach 400 Metern in die Min Yat Tan Road einbiegen bis zur Shwe Sar Umbrella-Werkstatt | **Tipp** Ebenso sehenswert sind die kleinen Werften entlang der Kanna Road im Südwesten der Stadt oder auch am gegenüberliegenden Ufer.

70__Das Fischerdorf

Gekocht oder getrocknet

Warum wollen alle myanmarischen Reiseveranstalter ausländische Touristen an die Traumstrände in Ngwe Saung und Ngapali schicken? Nur weil in Chaungtha der Sand nicht so weiß ist oder ein zu niedriger Standard befürchtet wird? Keines von beidem sollte einen Myanmarbegeisterten von einer Reise an den belebtesten, vor allem von Einheimischen aus der Region Yangon oft für Kurztrips schnell zu erreichenden Strand an der Westküste der Ayeyarwady-Region abhalten. Denn neben der bunten Turbulenz am Badestrand ist die Chance gegeben, die traditionelle Küstenfischerei zu erkunden.

Um dem Treiben der Spaß- und Erholungssuchenden auch mal zu entfliehen, folgt man einfach der Wasserlinie nach Süden und findet sich nach einem Ostschwenk in einer anderen Welt wieder. Einfache Bambus- und Holzhütten unter Palmen, bei Ebbe fester Schlicksand, offensichtlich für einen freien Zugang zum Wasser abgeholzte Mangroven, kleine und mittlere Fischerboote sowie große Bambusplattformen für die Trocknung von Fisch deuten auf eine typische Fischer- und Schneckensammlersiedlung hin. Außer ein paar Kindern ist hier kaum jemand unterwegs. Die Männer und oft auch die älteren Kinder sind beim Fischen oder Sammeln von Muscheln und Schnecken. Auf den Plattformen oder in den Privathäusern verarbeiten die Frauen die gefangenen und gesammelten Tiere: Vom Kopf befreite Fische werden in Streifen zum Trocknen ausgelegt, Mollusken, wie zum Beispiel die gemeine Spinnenschnecke, die Käferschnecke, die Trochus-Muschel oder diverse Gattungen der *Neritidae*-Spezies werden gekocht oder getrocknet und die Muschelschalen und Schneckenhäuser gesäubert und als Einzelstücke oder in Kettenform für den Souvenirverkauf präpariert. Frischer Fisch, Garnelen in allen Größen und lebende Krabben werden auf dem Markt angeboten und an die Vielzahl der Restaurants oder an die Snack-Verkäufer am Strand verkauft.

Adresse 94°26'22.62" E 16°57'10.89" N, Chaungtha | **Anfahrt** von Pathein circa 60 Kilometer über Rakhine Yoma nach Chaungtha, Chaungtha Road bis zum Strand, dort Richtung Osten laufen | **Tipp** Mit dem Motorrad-Taxi können Sie in einer circa 6,5 Kilometer langen Fahrt durch Kokospalmenhaine und am Strand entlang zum neuen Strand nördlich von Chaungtha gelangen.

71 Aung Mingalar Island
Unter den Füßen versteinert

Sonne, Sand und Meer verbinden Touristen oft mit einem Urlaub in Südostasien. In Myanmar sind es Gebiete bei Ngwe Saung, Ngapali und Chaungtha an der Westküste, die mit ihren lang gezogenen Stränden und einer Vielzahl an Buchten und vorgelagerten Inseln in- und ausländische Urlauber anziehen. Der Weg dorthin ist eher nicht das Ziel, denn es ist eine mühsame Reise durch die Rakhine-Berge, Ausläufer des über 1.200 Kilometer langen indoburmesischen Gebirges, das sich vom Himalaya bis zur Andamanensee zieht und die westlichste geologische Einheit Myanmars bildet. Im südlichen Verlauf präsentiert sich der Höhenzug als dünn besiedelte, mit Sekundärwald und Baumplantagen bestandene, eng gestaffelte Hügelketten mit maximalen Höhen von 125 Metern, die bis an die schmale Küstenlandschaft heranreichen. Umso mehr erfreut dann der Blick auf sandig-gelbe bis weiße feine Sandstrände, schwarze Felsen mit bizarren Erosionsmustern, Palmen und blaues Meer.

Nur wenigen ist bewusst, dass sie sich hier in der geologischen Kollisionszone der Indischen und südlichen Eurasischen Kontinentalplatte befinden, wo unvorstellbare Kräfte das Zusammenschieben und Schrägstellen von mächtigen Gesteinspaketen bewirkten und zur Entstehung der Rakhine-Berge beigetragen haben. Auch für den geologischen Laien sichtbare Zeugen dieser vor über 50 Millionen Jahren begonnenen Prozesse sind die im Gezeitenbereich hervortretenden Schichtfolgen des indoburmanischen Flysch. Dies sind im Zuge der Gebirgsbildung untermeerisch am Kontinentalhang abgerutschte, geschichtete und später mit zunehmendem Druck schräg bis steil gestellte dunkelgraue bis schwarze Sand-, Schluff-, Tonsteinablagerungen. Diese auffälligen, rippelartigen, fünf bis 20 Zentimeter dicken Sedimentlagen zeigen sich als »steinerne Wellen« vor allem an den westlichen Bereichen der vorgelagerten Inseln – insbesondere auch auf Aung Mingalar / Phoe Kalar Island.

Adresse 94°25'30.07" E 16°56'53.52" N | **Anfahrt** vom Strandabschnitt am Ende der Chaungtha Road mit dem Boot nach Aung Mingalar Island (auch Chaungtha Kyun) übersetzen, Insel gegen den Uhrzeigersinn umrunden, an der gesamten West- und Südseite Formationen der »steinernen Wellen« | **Öffnungszeiten** Überfahrt im Boot 200 Kyat pro Person | **Tipp** In den Strand-Tea-Shops auf der Nordseite genießt man Kaltgetränke mit den Füßen im Meer und hat das bunte Treiben am Chaungtha Beach stets im Blick.

72 Der Küstensumpfreisbau
Nasse Füße für das Mittagessen

Ein weißer Sandstrand, gesäumt vom blauen Meer unter grünen Palmwedeln – das farbenfrohe Sprachspiel könnte man weiterspinnen. Mit tropischen Küsten verbinden sich Wunsch- und Sehnsuchtsbilder für einen Reisenden. Das sieht indes nicht jeder so. Denn blendet man die romantischen Assoziationen einmal aus, sind Strand und Küste sehr unwirtliche Lebensräume: gefährlich wegen der wilden Einflüsse von Meer und Stürmen, unsicher wegen der Gefahren durch auswärtige Invasoren, unfruchtbar wegen der sandigen und salzhaltigen Böden. Auch die natürliche Vegetation gibt nicht viel her: Mangroven, Palmen, Kasuarinen – gut kann man davon nicht leben. Was für ein Glück, dass es die Küstensümpfe gibt (sieht man von Moskitos ab).

Sie befinden sich in dem Bereich, der vom Meer aus gesehen hinter dem Strandwall liegt: Hier sammelt sich rückgestautes Wasser vom Festland; manchmal sind dies aber auch abgeschlossene Lagunen, in denen zunächst noch Wasser steht, die aber nach und nach verlanden, weil das Wasser verdunstet, der Wind Sand oder Boden in die Senken einbläst oder Pflanzen absterben und sich Boden entwickelt. Von Zeit zu Zeit erreicht das Meer die Sümpfe wieder, etwa bei Springtide oder Sturmfluten, sodass das Wasser dort brackig und salzhaltiger ist als weiter landeinwärts.

Die Fischer der wenigen Küstendörfer machten aus der Not eine Tugend – denn der Mensch lebt nicht vom Fisch allein: Sie begannen die Küstensümpfe für den Reisbau zu erschließen. Auch wenn die Ernten wegen der schlechteren Böden weniger ergiebig sind als anderswo, reichen sie doch für die Eigenversorgung. Der Nassreisanbau ist sehr arbeitsaufwendig: Die Aussaat, oft in Anzuchtbeeten, erfolgt in der Trockenzeit, in der Regenzeit müssen die Reisbüschel umgepflanzt werden; die Ernte folgt nach Ende der Regenzeit. Praktisch, dass die Reisernte in etwa dann zu Ende geht, wenn die Tourismussaison beginnt.

Adresse 94°23'21.83" E 16°51'33.46" N | **Anfahrt** von Pathein kommend vor dem Strand-wall nach Nordwesten abbiegen | **Tipp** Ein Besuch des Elefantencamps auf dem Weg nach Ngwe Saung circa 37 Kilometer westlich von Pathein oder 17 Kilometer östlich von Ngwe Saung in den Rakhine-Bergen (deutliches Hinweisschild an der Straße) ist zu empfehlen.

73_ Silver Beach

Der ultimative Strand

Weihnachten oder Neujahr unter Palmen am Strand? Das ist vielleicht nicht jedermanns Geschmack, und wenn man sich doch dazu entscheidet, droht noch Gedränge an den Plätzen mit den angeblich schönsten tropischen Sonnenuntergängen. Anders als das weiter nördlich gelegene Ngapali bietet Ngwe Saung dem, der etwas weniger Betriebsamkeit wünscht, eine angenehme Mischung von Geselligkeit und Ruhe. Der (westliche) Jahreswechsel ist für das Tiefland Myanmars eine kühle Jahreszeit, in der man auch gern Sonnenwärme tankt. An der Küste am Golf von Bengalen reiht sich ein Resort an das andere.

Der Blick von außen lässt Preis- und Prestigeunterschiede ahnen: In den preisgünstigeren Anlagen laufen die Stromaggregate nicht 24 Stunden ununterbrochen, sondern halten eine angemessene Nachtruhe ein, und nicht alle Bungalows sind mit Klimaanlage ausgestattet, in den höherpreisigen Anlagen ist dagegen jeder Raum klimatisiert. Dort bieten vielleicht auch die Restaurants eine größere Auswahl an Speisen, aber wenn man am Abend bei untergehender Sonne fast über dem Wasser auf einer einfachen Terrasse in Freien sitzt, kommt Urlaubsstimmung auf. Ein Spaziergang am generell allgemein zugänglichen Strand lässt auch jetzt noch bei einigen Resorts die Folgen von »Nargis«, dem katastrophalen Zyklon vom April/Mai 2008, erkennen, bei anderen jedoch auch den unbedingten Wiederaufbauwillen.

Wer die Tage um den Jahreswechsel nicht zu sehr entschleunigt erleben will, nimmt sich ein Motorradtaxi und lässt sich über einige Kilometer Sandstrand fahren – vielleicht zu den Wassersportanlagen der Asian Games von 2013, vielleicht zu den Fischerbooten des Wohnortes. Und selbst ein Spaziergang durch den Ort ist reizvoll – vielleicht allein schon deshalb, weil eben nicht die Fülle an überall angebotenen Souvenirs zu erhalten ist, und weil die Geschäfte an der Hauptstraße eher einem großen Markt ähneln.

Adresse 94°23'36.88" E 16°46'41.21" N | **Anfahrt** von Ngwe Saung-Dorf am Strand nach Süden, vorbei an Lovers Island circa 10 Kilometer bis zur Mündung eines kleinen Flusses | **Tipp** Ein Fahrradausflug am Strand entlang bis zum Sinma Beach ist ein schönes Erlebnis, das sich gut mit dem Besuch des Dorfes Sinma verbinden lässt.

74_ Der Weltmeerzugang

Sicherer Hafen?

Das birmanische Wort »Sittwe« bedeutet »Ort, an dem sich der Krieg trifft«. Hier haben die Truppen des birmanischen Königs Bodawpaya 1784 das weit kleinere Heer des Reiches von Arakan vernichtend geschlagen, danach haben sie deren Hauptstadt Mrauk-U eingenommen und die Region Arakan (heute: Rakhine) in das Birmanische Reich einverleibt. Viele ethnische Rakhine haben diese Besatzung bis heute nicht vergessen und drängen auf eigene Rechte und Identität. Nach dem ersten Anglo-Birmanischen Krieg verlegten die Briten die Regionalhauptstadt 1826 von Mrauk-U nach Sittwe (damals: Akyab) und bauten die Stadt zum meerwärtigen Hafen aus. So entwickelte sich Sittwe, wie viele andere Küstenstädte auch, im Zuge der kolonialzeitlichen Schifffahrt und des Rohstoffhandels von einem kleinen Fischerdorf zu einem wichtigen Hafen und militärischen Stützpunkt.

Die meisten Reisenden kommen nur für einen Zwischenhalt nach Sittwe, wenn sie die alte Königsstadt Mrauk-U besichtigen möchten. Doch wer etwas mehr von den historischen Zusammenhängen der Region und ihren Zukunftschancen verstehen möchte, sollte einer Erkundung von Sittwe und der Begegnung mit den Menschen etwas Zeit schenken. An der neu gestalteten Uferpromenade »The Point«, dort, wo der Kaladan-Fluss in den Indischen Ozean mündet, begreift man die enorme strategische Bedeutung von Stadt und Hafenstandort. Die Folgen der Kolonialzeit sieht man an vielen alten Gebäuden, zwei Kirchen und der Tatsache, dass ein hoher Anteil der Bevölkerung von Migranten aus dem heutigen Indien und Bangladesch stammt. Der jüngste Ausbruch der seit Langem vorhandenen Konflikte vermehrt die tragische Hypothek der Region, für die es keine einfachen Lösungen gibt. Bis heute ist Sittwe kein sicherer Hafen, und ein geplantes Tiefseehafenprojekt in der Nähe erschwert die Lage. Umfassende Entwicklung für alle, von Bildung bis Arbeit, wäre wichtig.

Adresse 92°54'11.09" E 20°8'28.96" N, Kanner Street, Sittwe | **Anfahrt** Hafenanlage am Zentralmarkt, Zugang zur Hafenmole durch die zentrale Marktstraße | **Tipp** Zu Fuß oder mit einem Trishaw-Taxi können Sie auf der Promenade (Shu Khin Tha Street) die drei Kilometer Richtung Süden bis zum beliebten Ausflugsziel mit Aussichtsturm und Strand zurücklegen. Besonders beeindruckend ist hier der Sonnenuntergang.

75 Das Mahamuni-Museum

Verlust des Heiligsten

Der berühmte Mahamuni-Buddha von Mandalay gehört neben der Shwedagon-Pagode zu den am höchsten verehrten Heiligtümern Myanmars. Er stand dort aber gar nicht von Anbeginn, sondern er wurde geraubt. Vor mehr als 200 Jahren, als König Bodawpaya 1784 seinen ältesten Sohn aussandte, um das Königreich Rakhine zu erobern, ließ er das Mahamuni-Bildnis in seine Hauptstadt Amarapura verbringen. Der Name Mahamuni stammt aus dem Pali und bedeutet »der Große Weise«. Um zu begreifen, worin die eminente Bedeutung dieses Mahamuni-Buddhas liegt, muss man seine Entstehungsgeschichte verstehen. In Chroniken wie dem Manuskript »Sappadana pakarana« ist sie beschrieben.

Der Legende nach besuchte Gautama Buddha 554 vor Christus auf seiner Missionsreise im Dienste der Ausbreitung des Buddhismus die erste Hauptstadt von Arakan, Dhanyawaddy, etwa 300 Kilometer nordöstlich von Sittwe. Der König von Arakan und Tausende von Anhängern huldigten dem Buddha und baten ihn, ein lebensgetreues Abbild von ihm anfertigen zu dürfen – nur fünf dieser Art gibt es überhaupt. In Buddhas Gegenwart wurde das Abbild in sieben Tagen geschaffen, er selbst belebte und segnete es. Der ursprüngliche Schrein des Bildnisses, in dem es 2.338 Jahre lang stand, befand sich in der Kyauktaw-Pagode. In einem kleinen Museum sind dort zahlreiche bemerkenswerte Funde aus der Zeit ihrer Erbauung ausgestellt, darunter Köpfe, Büsten und Steinplatten des Buddhas.

Selbst wenn Quellenstudien bezweifeln, dass Gautama Buddha je persönlich das Gebiet des heutigen Myanmar betreten hat und das Bildnis wohl erst im 4. Jahrhundert nach Christus geschaffen wurde, handelt es sich mit Abstand um das älteste von Myanmar. In den kurz nach der Jahrtausendwende gegründeten Pyu-Städten Beikthano und Halin wurden keine Buddha-Statuen gefunden. In Sri Ksetra wurde man fündig, doch die dortigen Statuen werden auf das 7. bis 9. Jahrhundert datiert.

Adresse 93°3'47.71" E 20°52'15.99" N | Anfahrt Kyauktaw Mahamuni Buddha Image, circa 11 Kilometer östlich von Kyauktaw an der Straße nach Mrauk-U | Öffnungszeiten ganztägig | Tipp Von der am gegenüberliegenden Ufer auf dem Berg stehenden Kyauktaw Mountain-Pagode hat man eine eindrucksvolle Aussicht über den Kaladan-Fluss auf die Stadt Kyauktaw. Den Aufgang finden Sie direkt in der Nachbarschaft zur Brücke über den Kaladan am Ostufer.

76__Der Nachtmarkt
Licht, Luft und Gebratenes

Obwohl Pyay nach Mandalay mit über 130.000 Einwohnern die zweitgrößte Stadt am Ayeyarwady ist, zeigt sie sich sehr beschaulich. Die meisten Reisenden nehmen die alte Handelsstadt eher als Durchgangsstation auf dem von Nord nach Süd verlaufenden Yangon-Bagan Highway oder auf der Ost-West-Route zum Strand in Ngapali oder in den Rakhine-Staat wahr. Diese Situation hat sich etwas verbessert, seit die alte Pyu-Stadt Sri Ksetra 2015 von der UNESCO zum Weltkulturerbe ernannt wurde. Für Touristen, die etwas abseits von klassischen, oft überfüllten Attraktionen reisen möchten, ist Pyay ein guter Ort, um erholsam das Stadtleben eines regionalen Hauptortes zu erkunden. Die Flusslage, die Kolonialzeit, die Bauwerke verschiedener Religionen und viele Restaurants mit regionaltypischer Küche prägen das Bild der Stadt. Zu den wichtigen Sehenswürdigkeiten gehören die östlich des großen Kreisverkehrs liegende, zentrale Shwe Sandaw-Pagode und der benachbarte zehnstöckige sitzende Buddha (Sehtatgyi-Pagode).

Etwas weniger imposant, aber nicht weniger interessant schließt sich westlich des Kreisels, auf der zum Fluss führenden Old Post Office Road, der Nachtmarkt an. Nicht das Licht von Straßenlaternen erhellt den Markt bei eintretender Dunkelheit, sondern hell leuchtende Neonröhren der mobilen Stände und Garküchen fluten den Raum davor mit Licht. Darüber ist nur das tiefe Schwarz des Nachthimmels zu sehen. Eine luftige Brise vom Fluss trägt den Duft von Gebratenem und von diversen Curry- und Gemüsegerichten durch den Markt, und es ist gar nicht leicht, eine Entscheidung für das Abendessen zu fällen. An vielen Ständen werden lokale Snacks aus den in dieser Region angebauten Bohnen und anderen Hülsenfrüchten sowie aus Erdnüssen und Sesam, oft kombiniert mit Honig, angeboten – der ideale Nachtisch zum Mitnehmen für den abendlichen Spaziergang am Fluss, für Einheimische wie für Touristen.

Adresse 95°12'54.15" E 18°49'12.15" N, Old Post Office Road, Pyay | Anfahrt vom Kreisverkehr an der NH 2/Main Road nach Westen zum Ayeyarwady | Tipp Eine Motorradtour zu den am westlichen Ufer des Ayeyarwady auf Bergrücken liegenden Pagoden Shwe Bon Thar Muni und Phoe Oo Taung ermöglicht weite Blicke auf die Agrarlandschaft um Pyay und das nördlich anschließende Engtal des Ayeyarwady (über Nawaday-Brücke nach Norden, circa 25 Kilometer).

77 Die Baw Baw Gyi-Pagode

Die im Reisfeld steht

Etwa acht Kilometer vom heutigen Pyay entfernt liegt die verlassene antike Stadt Sri Ksetra (in Myanmar gesprochen: Thiri Kittiya). Südöstlich ihrer Stadtmauer vorgelagert steht ein alter, knapp 50 Meter hoher, architektonisch schlicht gehaltener Stupa inmitten freier Landschaft, die Baw Baw Gyi-Pagode – die wohl älteste Pagode von Myanmar. Sie wurde im 5. Jahrhundert unter König Duttabaung errichtet; alte Chroniken erwähnen, dass in ihr Reliquien des Buddhas aufbewahrt wurden. Der mit einem flachen Kegel auf einem gestaffelten, runden Podest stehende, zylinderförmige Stupa ist aus Ziegeln gebaut. Etwa zwei Drittel sind ausgehöhlt.

Sri Ksetra besaß – wie man bis heute an den Überresten der Wallanlagen erkennen kann – einen fast runden Grundriss. Sie war die letzte und südlichste Hauptstadt der Pyu. Bisher ist erst ein Teil der Stadtanlage erforscht, die mit mehr als 13 Kilometern Umfang und etwa 1.400 Hektar Fläche größer war als Bagan oder Mandalay zum Höhepunkt ihrer jeweiligen königlichen Macht. Ein doppelter Schutzwall mit in der Mitte liegendem Wassergraben umgibt die Stadt. Die aus Ziegeln gemauerten Wallanlagen waren knapp fünf Meter hoch; zwölf Tore verbanden sie mit der Umgebung. Offenbar befanden sich nur in der südlichen Hälfte der Stadt Siedlungen mit Palast, Klöstern und Häusern; im Norden lagen Reisfelder, sodass die Stadt einer langen Belagerung standhalten konnte.

Das Reich der Pyu bestand zwischen 200 vor Christus und etwa 900 nach Christus, lange vor Ankunft der Birmanen im Zentralraum des heutigen Myanmar. Sri Ksetra, im 5. oder 6. Jahrhundert gegründet, wurde im 7. oder 8. Jahrhundert Hauptstadt der Pyu, bis die Birmanen die Herrschaft im 9. Jahrhundert übernahmen und von der neuen Hauptstadt Bagan aus regierten.

Die drei Pyu-Städte Halin, Beikthano und Sri Ksetra wurden 2014 als erste Stätten in Myanmar von der UNESCO als Weltkulturerbe anerkannt.

Adresse 95°17'8.07" E 18°47'10.48" N | **Anfahrt** Sri Ksetra, vom Museum nach Süden durch das Rahanda-Tor am Gräberfeld vorbei nach Südosten bis zur Pagode | **Öffnungs-zeiten** ganztägig | **Tipp** Von einer Brücke der »2nd Street« im neuen Stadtteil südlich des Flugplatzes, 300 Meter südlich des Gleisdreiecks, haben Sie einen sehr guten Blick auf die Doppelwall-Struktur mit Graben der alten Stadt.

78 Das Gräberfeld

Respekt vor Scherben

Auf den ersten Blick gibt es in Sri Ksetra wenig zu sehen – gerade wenn man als archäologisch Interessierter die grandiosen Pagodenfelder von Bagan kennt. Doch bei näherer Beschäftigung beginnt man zu begreifen, dass es hier einen bisher kaum bekannten, wesentlich älteren Teil der Geschichte Myanmars zu entdecken gilt. Hochinteressante Ausgrabungen, vom Kulturministerium mit ausländischer Unterstützung geleitet, fördern eine weit tiefere Geschichte ans Licht. Neben oberirdischen Überresten der Pyu-Kultur gibt es unterirdische Schätze: Gräber- und Urnenfelder. Bisher wurden fast 20 untersucht; die meisten von ihnen liegen am Rand oder in fußläufiger Entfernung außerhalb der alten Stadtmauer. Sie fallen durch die Form etwa 40 mal 20 Meter großer Erdhügel ins Auge; bis zu je 1.000 Urnen waren in den erforschten Hügeln zu finden. Bisherige Auswertungen zeigten, dass die Toten mit großer Sorgfalt bestattet und dass ihnen Gegenstände, etwa Perlen, Messer oder Glocken, mitgegeben wurden. Im Falle einer Einäscherung wurden die Überreste von Knochen und Asche in Urnen bestattet. Bisher konnten weder genaue Datierungen vorgenommen noch Rückschlüsse auf die soziale Schicht der Verstorbenen gezogen werden.

Während der Ausgrabungen müssen die Stätten gegen Witterung geschützt, organische Materialien wie etwa Gebeine, aber auch Holz- und Pflanzenreste in Trocken- und Kühlhäuser umgelagert werden. Nach einer Bestandsaufnahme werden viele Erdhügel wieder sorgsam verschlossen, um zu verhindern, dass Wasser eindringt und die Funde zerstört.

Bemerkenswert ist, dass die Ausgrabungen nicht nur wissenschaftlich systematisch dokumentiert, sondern auch von Anthropologen begleitet werden, die darauf achten, dass die Gebeine mit Respekt behandelt werden. Auch Religionsvertreter und Einwohner von Pyay sind beteiligt, von denen man annimmt, dass sie Nachfahren der Verstorbenen sind.

Adresse 95°16'43.17" E 18°47'15.54" N | **Anfahrt** Sri Ksetra, vom Museum nach Süden durch das Rahanda-Tor zum Gräberfeld | **Tipp** Ein Besuch des Sri Ksetra-Museums im Zentrum der Weltkulturerbe-Stätte mit seiner sehr informativen Ausstellung von Ausgrabungsstücken lohnt sich, außerdem ist es ein idealer Startpunkt, um das zentrale Palastgelände zu erkunden.

79_ Der Grabenmäander
Aus der Luft betrachtet, am Boden entdeckt

Wenn man auf einem Flug von Osten nach Westen (oder umgekehrt) in etwa beim Wendekreis, 23 Grad nördlicher Breite, zwischen Mingin und Falam oder Hakha aus dem Fenster eines Flugzeugs schaut und mit einem Mal auf ein seltsames Phänomen – einen breiten, hellen, flachen Streifen inmitten dunkelgrüner Wälder und Gebirge – aufmerksam wird, dann hat man ihn entdeckt: den Einbruchsgraben, den der Taung Dwin-Fluss durchzieht. Auch auf einem Satellitenbild ist die Szenerie faszinierend: In allen Einzelheiten kann man die zahllosen Flussschleifen erkennen und die Dörfer an den Ufern mit den unzähligen kleinen, vom Menschen angelegten Terrassen für den Reisbau. Und selbst in dem gewundenen Flussbett erkennt man, wie frei sich das Wasser den Weg bahnt, wie verzweigt das gesamte Netzwerk seines Fließens ist. An einigen Stellen entdeckt man Altarme, die alte Flussläufe markieren, Zuflüsse aus kleinen Seitentälern, verlandete Uferbereiche – und den Verlauf des Monywa-Kalay Highway, hochwassersicher oberhalb am Hang.

Wenn man durch das Tal fährt, treten weitere Details zutage: Schroff begrenzt von steilen Bergflanken, mäandriert der Fluss durch das bis zu zwei Kilometer breite »Tal«. Als hätte man mit einem Lineal scharfe Grenzen gezogen: Bis hierhin und nicht weiter soll er fließen. Die Straße am oberen Hang erlaubt einen ausgezeichneten Überblick über die Situation: oben die weitgehend geschlossenen Wälder, die kaum genutzt, aber recht licht zu stehen scheinen, manchmal sieht man senkrecht stehende, hintereinander gestaffelte Schichtkämme. Außer in den Seitentälern dürfte man sie kaum queren können. Unten sieht man gepflegte Dörfer, zumeist mit knapp hundert Einwohnern, mit wenigen Pfaden verbunden, Felder mit Reis und Gemüse, Mais und Hülsenfrüchten. Auf den abgeernteten Feldern grasen Rinder. Der Grabenbruch: eine lang gestreckte Insel mit vielfältiger Agrarnutzung zwischen den bewaldeten Höhen.

Adresse 94°23'24.43" E 22°45'3.16" N | **Anfahrt** von Monywa auf dem Monywa-Kalewa Highway circa 135 Kilometer nach Nordwesten zwischen Tongyi und Kyabin | **Tipp** Eine morgendliche malerische Fahrt durch den Grabenbruch mit Stopps in den Dörfern ist ein besonderes Erlebnis.

80__ Der trennende Fluss
Nur mit Nachen und Kahn

Eine volle Tagesreise von der Küstenstadt Sittwe entfernt liegt Paletwa, ein malerischer Ort in der südöstlichen Peripherie von Chin State. Wenn man bei Kyauktaw die einzige zweispurige, erst seit wenigen Jahren überhaupt asphaltierte Landstraße der Region verlässt, gelangt man schlagartig in einsame Gebiete: locker bewaldete, sehr ländliche Regionen mit vereinzelten kleinen Dörfern. Die Schotterpiste quert zahlreiche Hügelketten, schraubt sich an steilen Hängen entlang, und häufig kann man am hohen Ufer einen Blick auf den Kaladan-Fluss werfen, der in einem nach Norden schmal werdenden Tal mäandriert. Ein kräftiger Regenguss und man begreift, warum eine Fahrt ohne ein Fahrzeug mit Allradantrieb schnell zu Ende wäre: Der Wagen wühlt sich dann durch tiefe Pfützen und Schlamm, Brücken sind überschwemmt. Kurz vor Erreichen eines Nebenflusses wendet sich die Straße kurvenreich zum Steilufer des Kaladan. Für Fahrzeuge ist hier die Reise zu Ende. Über einen schmalen Trampelpfad erreicht man zu Fuß wenige provisorisch errichtete Hütten und eine unbefestigte Anlegestelle für kleine Boote.

Gut eine halbe Stunde setzt man über nach Paletwa, und man begreift, wie sehr der Fluss Welten voneinander trennt. Nur etwa 15 Kilometer entfernt liegt Bangladesch, im weiteren Verlauf nach Norden erreicht man nach etwa 100 Kilometern die indische Grenze. Mit finanzieller Hilfe der indischen Regierung wurde indes unlängst gegenüber von Paletwa eine moderne Hafenanlage als Teil einer Investition gebaut, die den anspruchsvollen Namen Kaladan-Multi-Modal-Transit-Transport-Projekt trägt. Hier soll ein Umschlagplatz für Handelswaren aus Indien entstehen, der den abgeschnittenen fernen Osten Indiens mit dem Indischen Ozean verbinden soll. Noch liegt der idyllische Ort mit seinen vielen Kirchen und Plätzen im Dornröschenschlaf, doch schon bald wird eine große Brücke ihn mit dem anderen Ufer verbinden.

Adresse 92°51'19.95" E 21°18'14.11" N | Anfahrt von Kyauktaw auf der Ostseite des Kaladan entlang bis kurz vor Paletwa (circa 67 Kilometer), hier Umstieg auf Boot, Stadt aktuell nur mit dem Boot erreichbar, Brücke in Planung | Tipp Besuchen Sie die Paletwa Baptist Church an der Hauptstraße.

81 Die Flussschotterfläche

Gewürze auf der Trockenmatte

Auf den ersten Blick sehen die Hütten ärmlich aus: die Dächer aus ineinandergefügten Blättern und Zweigen oder mit Wellblech gedeckt, die Wände aus einfachen Matten gebildet. Aneinandergereiht auf der Straßenseite die Läden, flusswärts dahinter auf den Aueschottern und -kieseln weit ausgebreitete Plastikplanen und Matten, auf denen etwas zum Trocknen liegt. Männer, Frauen, Kinder wenden das kostbare Gut regelmäßig, damit es in der Sonne schneller trocknet. Denn die Trockenzeit geht dem Ende zu, und sobald im April die ersten vormonsunalen Regenfälle einsetzen, verschwinden nicht nur die Planen, sondern auch die provisorischen Hütten, denn der sonst sanft fließende Samee River verwandelt sich dann in einen reißenden Gebirgsfluss.

Die provisorischen Hütten in der Flussaue sind nur das »Sommercamp« der Ortsbewohner, oberhalb am Hang stehen die geräumigen Stein- und Holzhäuser der Familien. Hier wohnen sie eigentlich, zumal in der Regenzeit, wenn in den fünf Monsunmonaten mehr als das Zehnfache der mitteleuropäischen Regenmenge herniederprasselt. Solarpanels auf den Dächern verraten, dass der Ort unter Strommangel leidet, zum Waschen geht man zum Fluss. Die meisten Bewohner leben von den Ernten des Brandrodungsfeldbaus – und seit einigen Jahren von den zunehmend einträglichen Erlösen, die sich mit dem Anbau von Khamoun und Wa-Oo, der Elefantenkartoffel (*Amorphophallus paeoniifolius*), erzielen lassen. Beide Agrarprodukte werden in den Flussauen getrocknet. Mittelsmänner, oft Kaufleute aus China oder von ihnen bezahlte myanmarische Handelsreisende, kommen am Ende der Trockenzeit in die Dörfer und erwerben die getrocknete Ernte, die sie anderswo, zumeist in China, aufbereitet verpacken und – im Fall von Khamoun – teuer auf dem Weltmarkt weiterverkaufen beziehungsweise – wie bei der Elefantenkartoffel – als Tierfutter für die Hühner- und Schweinehaltung verwenden.

Adresse 93°5'48.72" E 21°17'49.82" N | **Anfahrt** von Paletwa circa 50 Kilometer auf neuer Straße nach Osten, vom Stadtzentrum (Marktstraße) zum Samee-Flussufer | **Tipp** Beim Spaziergang am Hang oberhalb des Flusses genießt man einen schönen Blick auf das Flusstal und die temporäre Siedlung in der Flussaue, außerdem lockt das lokale Schwimmbad am Fluss.

82___Das Kolonialrelikt

Der Ofen ist an

Vom Tiefland aus schraubt sich eine schmale, kurvenreiche Straße nach Kanpetlet. Der Ort liegt in einer Höhe zwischen etwa 1.300 und 1.600 Metern, was ihm kalte Winternächte und erfrischende Kühle in der heißen Jahreszeit beschert, wenn das Thermometer in den Niederungen östlich des Chin-Gebirges deutlich über 40 Grad Celsius klettert und die auf nur knapp 400 Meter liegenden Flussauen des Saw Chaung zu ergiebigen Brutstätten für Moskitos mutieren.

Kein Wunder also, dass die Briten während der Kolonialzeit gern hierher auswichen, um die Kühle und Frische, den Morgennebel, den Duft der Kiefernwälder und die klare Fernsicht über das Land zu genießen und in den Bergen zu wandern oder Cricket zu spielen. Geblieben aber ist davon, anders als in anderen Landesteilen, fast nichts: Nur ein Haus steht noch, als einziger Zeuge der britischen Vergangenheit, direkt an der Straße zum Kho Num Sung Mountain. Zu britischer Zeit befand sich hier das Distriktbüro des Bauministeriums, benachbart lagen weitere Verwaltungsgebäude, weiter oberhalb das Zentrum der britischen Siedlung. Den lokalen Bewohnern war es aber so weit oben zu kalt, daher verlegten sie nach dem Zweiten Weltkrieg die Siedlung hangabwärts. Zimmerleute bauten die britischen Häuser ab, das Baumaterial wurde anderweitig verwendet. Vor wenigen Jahren ließ ein myanmarischer Investor die alten Fundamente einebnen und errichtete darauf ein Viersternehotel mit 26 Bungalows.

Das ehemalige Distriktbüro gehört heute zum Nationalpark. Ein Haushälter-Ehepaar sorgt dafür, dass es instand gehalten wird. Es gibt erste Überlegungen, es in ein Museum zu verwandeln. Noch kann man die soliden Steinfundamente, die ursprünglichen Türen und Fenster sowie im Haus die Räume mit hohen Decken und die rußgeschwärzten Kamine bestaunen. Sie zumindest sind noch intakt und schenken den Bewohnern in kalten Winternächten Licht und Wärme.

Adresse 94°1'53.51" E 21°12'14.08" N | **Anfahrt** von Saw (Magway Region) circa 21 Kilometer nach Westen über die Bergstraße nach Kanpetlet, circa 5,5 Kilometer westwärts in Richtung des Gipfels zum Kho Num Sumg, oberhalb des Floral Breeze Hotels auf der Nordseite der Straße | **Tipp** Die Gegend ist ein ornithologisches Paradies. Schließen Sie sich dem Vogeltourismus (bird watching) an.

83___Kho Num Sumg
Der Name des Berges

Der »größte Berg« – den Namen hat ihm die lokale Bevölkerung gegeben. Die Rede ist vom höchsten Berg im Chin-Gebirge, das sich etwa 400 Kilometer in Nord-Süd- und 150 Kilometer in Ost-West-Richtung erstreckt und die Grenzregion Myanmars zu Indien markiert. Mit 3.053 Metern überragt der Berg alle anderen Gipfel dieses mächtigen, in zahlreiche nordsüdlich verlaufende Gebirgszüge gegliederten Massivs. Die lokale Bevölkerung gehört überwiegend der ethnischen Gruppe der Daai an, die mit etwa 40.000 Sprechern in den vier Townships Kanpelet, Matupi, Mindat und Paletwa leben. Wie so oft in Berggebieten, in denen die Dörfer und Städte weit voneinander entfernt liegen, bildeten sich unterschiedliche Dialekte aus, sodass die Sprech- und Schreibweisen selbst der Ortsnamen voneinander abweichen. So finden sich für »den Größten« auch die Schreibweisen Khaw-nu-soum oder Khonuamthung.

Aber damit nicht genug: Die Burmesen, die die Mehrheit der offiziell 135 ethnischen Gruppen in Myanmar bilden, gaben dem Berg den Namen »Nat Ma Taung«, was so viel bedeutet wie »böser, teuflischer Berg«. Kein Wunder, dass die Chin den Namen nicht verwenden wollen. Weiter noch: Als die Briten nach dem dritten Anglo-Birmanischen Krieg alle Teile des heutigen Myanmars eroberten und sich Ende des 19. Jahrhunderts auch der Berggebiete bemächtigten, gaben sie dem Berg »ihren« Namen: Mount Victoria, zu Ehren ihrer Königin, Queen Victoria. Jeder Name ist zugleich ein Bekenntnis. Aus Unwissenheit, Pragmatik oder Besitzanspruch trägt der 1994 begründete umgebende Nationalpark nur einen Namen: Nat Ma Taung.

Von Kanpetlet aus erreicht man den Gipfel nach knapp einer Stunde Fahrt durch wilde Wälder und weite Heiden. In den Kiefern- und Eichenwäldern leben Hunderte von Vogelarten. Viele alte Bäume sind mit Epiphyten behangen. In der Trockenzeit blühen Baum-Rhododendren üppig in leuchtendem Rot.

Adresse 93°54'10.66" E 21°14'0.96" N | Anfahrt von Kanpetlet circa 22 Kilometer nach Westen; von Mindat circa 41 Kilometer nach Süden, schwierig zu befahrende Straße; auf beiden Routen die letzten 5,5 Kilometer nur mit einem allradgetriebenen Auto befahrbar | Tipp Unternehmen Sie Trekking-Touren mit Übernachtung in den Dörfern, am besten zur Rhododendronblüte (November bis Februar).

84 Der Kirchencluster
Facetten christlicher Missionierung

Auf einem breiten Bergrücken in gut 1.400 Meter Höhe erstreckt sich der 3.004-Seelen-Ort Thantlang. Vom Stadtdenkmal im Süden gewinnt man den besten Überblick, wobei als erster Eindruck die großen, bunten Fassaden der zahlreichen Kirchen auffallen. Die Thantlang Baptist Church zählt zu den ältesten in Chin State. Darüber hinaus gibt es viele weitere Kirchen von Baptisten, etwa die Thantlang Centenary Baptist Church, die Johnson Memorial Baptist Church, die Emmanuel Chin Baptist Church oder die Chin Evangelical Baptist Church. Lokal vertreten ist die Mara Evangelical Church, der vor allem die kleine ethnische Gruppe der Mara angehört. Weiter kann man in Thantlang die Thantlang Believer Church, die Church on the Rock, die United Pentecostal Church und die Seventh-Day-Adventist Church besuchen, und auch die Catholic Myanmar Church ist vertreten.

Unweigerlich fragt man sich, warum es hier, wie auch an den meisten anderen Orten in Chin State, diese große Vielfalt unterschiedlicher Kirchen gibt. Die Erklärung liegt in der Kolonialzeit, als die Briten, nachdem sie das gesamte Territorium des heutigen Staates erobert hatten, auch in die Berggebiete vordrangen, mit Militär, Verwaltung – und Missionaren. Im Gefolge trafen Missionare vieler unterschiedlicher christlicher Glaubensrichtungen ein, die helfen wollten, die – aus damaliger Sicht – unzivilisierte einheimische Bevölkerung mit Hilfe des Glaubens zu entwickeln und ihr den richtigen Weg zu weisen. Die vorherrschenden Vorstellungen von der Beseeltheit der Natur und der Kreaturen wurden verdrängt und vom christlichen Glauben überlagert, auch wenn sich noch viele ursprüngliche Bräuche erhalten und in Glaubensvorstellungen gemischt haben. Heute eint der christliche Glaube die Gemeinden und stärkt eine überörtliche Identität der Chin über alle sprachliche und ethnische Vielfalt hinweg und verbindet sie mit der Welt.

Adresse 93°25'40.08" E 22°41'54.35" N | **Anfahrt** von Süden ausgehend von Rezua über eine landschaftlich schöne Straße abseits der Hauptroute (Rezua-Hakha) über Hnaring (circa 150 Kilometer, Tagestour); ausgehend von Hakha auf einer gut ausgebauten Straße in knapp 3 Stunden zu erreichen | **Tipp** Das Hauka Bung Resort im Süden der Stadt – zu erreichen über eine schmale Straße am Telekommunikations-Tower vorbei – ist ein lokaler Erholungsort, betrieben von der »Chin Disabled Organization«. Dort gibt es Snacks und eine schöne Aussicht mit Picknick-Platz.

85 Der große Erdrutsch

Wenn der Berg mit Getöse zur Siedlung kommt

»Am 31. Juli 2015«, so berichtete ein Augenzeuge, »begann sich um etwa 11 Uhr morgens der mittlere Teil des Hanges oberhalb der Stadt zu bewegen, er rutschte in den See und bahnte sich den Weg weiter abwärts durch eine Schlucht ins Tal. Die Erde, durch die Wassermassen zähflüssig wie dicke Suppe, floss die ganze Nacht bis zum Nachmittag des folgenden Tages. Der Krach und die Töne in der Nacht waren apokalyptisch: Man konnte das Zerbersten und Krachen der großen Bäume und dicken Äste überall hören, aber man konnte nichts sehen in vollkommen schwarzer Nacht. Es gab kein Licht und keinen Strom. Wir fürchteten extrem um unser Leben und unsere Häuser.« Sein Haus lag gut 200 Meter entfernt vom Revolutionary Lake, einem von den Briten für die Trinkwassersicherung des Militär- und Missionsortes angelegten Sees.

Was war passiert? Ein schwerer tropischer Wirbelsturm hatte Ende Juli mehr als das Dreifache sonst üblicher Monsunregen gebracht. Die steile Hangkante oberhalb des Sees war in den letzten 20 Jahren teilweise abgeholzt worden, sodass der Hang, wassergesättigt, talwärts rutschte. Der Erdrutsch zerstörte die Häuser von 1.242 Familien und damit die Lebensgrundlagen von 5.232 Bewohnern. Zum Glück war niemand zu Tode gekommen. Zahllose Spenden – Reis, Speiseöl, Kleidung, Medikamente – vor allem aus anderen Regionen Myanmars, aber auch aus dem Ausland, halfen den Betroffenen, in den Folgemonaten zu überleben. Gut ein halbes Jahr lang mussten die Evakuierten in Notunterkünften, in Turnhallen und in Kirchen verbringen, ehe in der nächsten Trockenzeit an anderer, als sicher eingestufter Stelle mehr als 400 neue Holzhäuser errichtet werden konnten – durch die Regierung und mit finanzieller Unterstützung zahlreicher Entwicklungshilfeorganisationen.

Zumindest ein Dach über dem Kopf ist wieder da, nicht aber die Sicherheit, ob es nicht auch in Zukunft wieder Bergrutsche gibt.

Adresse 93°37'6.05" E 22°38'30.43" N | **Anfahrt** an der Nordwest-Flanke des Mount Rung zwischen der Gipfelregion und dem Stadion von Hakha | **Tipp** Gehen Sie den Weg zu der vom Erdrutsch zerstörten Hakha Khuahlun Baptist Church, circa zwei Kilometer hangabwärts unterhalb des Stadions, sowie zum neu gebauten Schwimmbad und zur Hütte mit Bananen- und Zuckerrohrwein-Verkostung.

86__Der Missionarsschrein
Gedenken an eine Zeitenwende

Nach der mühsamen und verlustreichen Eroberung und Befrie-
dung der Gebirge von Chin erließ die britische Kolonialmacht
1896 die Chin Hills Regulation, mit der der Weg für eine Chri-
stianisierung der Berggebiete geebnet wurde. Als erste Missionare
erreichten Pfarrer Arthur Carson und seine Frau Laura von der
American Baptist Mission das damals noch kleine Dorf Hakha am
15. März 1899. In der Folgezeit richteten sie zunächst eine Missi-
onsschule ein, dann eine Krankenstation und Wohlfahrtseinrich-
tungen: ein Waisenheim und eine Pflegestation für Arme, Alte und
Kranke. Zusammen mit den kolonialen Einrichtungen für Militär
und Verwaltung entstand ein Städtchen. Pfarrer Carson erarbeite-
te die Grundlage des ersten Hakha-Chin-Englisch-Wörterbuches,
das zehn Jahre nach seinem Tod (im Jahr 1908) durch seine Frau
vollendet wurde. Laura verblieb bis zu ihrem Ruhestand 1920 als
Missionarin in Hakha. Ein liebevoll gestaltetes spitzgiebliges Haus
schützt die letzte Ruhestätte mehrerer Missionare wie auch der ersten Geistlichen der lokalen Chin.

Die Eroberung durch die Briten veränderte für die Chin alles: Leben und Wirtschaften, Religion und Glauben. Vor 1896 war das Gebirge des heutigen Chin State absolut unabhängig geblieben, nie von
anderen Herrschern eingenommen, von keiner der großen Weltreli-
gionen beeinflusst. Die Bevölkerung stand kaum in Verbindung mit
den Reichen im Tiefland, es sei denn für kurze Beute- und Kriegszüge in beide Richtungen oder im Zusammenhang mit geringem
Handel. Die Bewohner der einzelnen Dörfer lebten weit voneinander entfernt und von Subsistenzwirtschaft, indem sie Brandrodungsfeldbau auf der Basis von Hirse oder Mais und Jagd betrieben,
ergänzt von Sammelwirtschaft in den umliegenden Wäldern. Häufig führten die Clans gegeneinander Kriege, in denen es weniger um
Rohstoffe und Land als mehr um die Kontrolle über Ernten und
Untertanen ging.

Adresse 93°36'47.85" E 22°38'50.66" N, Lungbiak Inn Road, Hakha | Anfahrt 50 Meter nördlich der Hakha Baptist Church, nahe der Carson Hall | Öffnungszeiten nur auf Anfrage in der Hakha Baptist Church | Tipp Besuchen Sie auch das Missionarsmuseum mit Ausstellungsstücken zur frühen Missionszeit.

87 Das alte Chin-Haus
Prototyp für die Zukunft?

Inmitten von teils traditionell aus Holz gebauten und auf Stelzen stehenden, teils in moderner Steinbauweise errichteten Einfamilienhäusern in einem Stadtteil unterhalb des Rung-Berges befindet sich ein ungewöhnliches Haus: der auf Originalplänen beruhende Nachbau des Hauses eines Dorfvorstehers, eines Village Chief, aus dem Jahr 2003.

Die Frontseite zur Straße besitzt eine hölzerne Schmuckfassade, in die zwei Nashornvögel, der Wappenvogel von Chin State, ein Krieger mit Tracht und Waffen, der Schädel von Waldbüffeln (Gayal oder Mithun) und typische geometrische Chin-Girlandenmuster eingraviert und bemalt sind. Ein niedriges, rundes Einstiegsloch erlaubt demjenigen Eintritt, der bereit ist sich durchzubücken. Hinter dem Eingang öffnet sich ein weiter, platzartiger Innenraum, von dem mehrere Holztreppen zu einer fast umlaufenden Empore gehen, auf der man zur Verteidigung des Anwesens laufen und unter der man Waffen, Alltagsgegenstände und Vorräte regengeschützt lagern kann. Auf der dem Eingang gegenüberliegenden Seite erreicht man über eine Holztreppe das Haus des Dorfvorstehers, ein anderthalbstöckiges Gebäude, dessen Rahmen von drei Stützbalkenreihen getragen wird. Die Familie lebt erhöht im ersten Stock, unten ist Platz für Kleinvieh, Material und die großen Trinkwasser-Tonkrüge. Umrahmt wird die ganze Anlage von einem Palisadenzaun. Ein typisches Chin-Haus der Vergangenheit nämlich vereinte Wohn- und Lebensraum mit weiteren Funktionen: Es war zugleich Verteidigungsanlage, Kultraum, Holzlager, Getreidespeicher, Wagenburg – und es bot Platz für das familiäre Alltagsleben, zum Dreschen, für die Hausarbeit, für Feste.

Bis die Briten in mühsamem, fast ein Jahrzehnt dauerndem Kampf gegen die als kriegerisch bekannten Bergbewohner Chin State erobert hatten, waren die traditionellen Häuser weit verbreitet. Neue Bauweisen und -vorschriften führten zu ihrem Verschwinden.

Adresse 93°35'53.84" E 22°38'11.95" N, Sah-Thah 687, Vel Nang Street, Dillo Quarter, New Bazaar Ward, Hakha | **Anfahrt** circa 600 Meter östlich des Chin-Parlaments hinter dem State Guest House scharf rechts oder circa 250 Meter westlich des Tennisplatzes scharf nach links in die Vel Nang Street einbiegen, der Straße circa 1 Kilometer folgen bis zum Gebäude mit Ummauerung auf der westlichen Straßenseite | **Tipp** Man kann schöne Chin-Webwaren in Geschäften entlang der Hakha-Matupi und der Hakha-Falam Road kaufen.

88 Die Falam Baptist Church
Im Zentrum von Kirche, Bildung und Gemeinschaft

Die Falam Baptist Church – die in Indiana, Michigan, Seattle, Charlotte, Maryland, Oklahoma, Melbourne? Nein, gemeint ist die Mutterkirche, der größte Kirchenbau in Chin State, eben in Falam. Vom Gebäude her noch jung, 1983 erbaut, wesentlich durch Spendengelder, auch von den Chin-Gemeinden im Ausland, finanziert. Sie ist Mittelpunkt des gesellschaftlichen Lebens des Städtchens, in dem die gut 10.000 Einwohner überwiegend von der ortsnahen Landwirtschaft, dem Handel mit dem Tiefland und dem nahen Indien sowie von Dienstleistungen leben – aber in der sich vor allem für die Jugend wenig Einkommensmöglichkeiten bieten. Bis die Hauptstadt von Chin State 1974 nach Hakha verlegt wurde, war Falam das Zentrum des Bundesstaats. Die Einheimischen beklagen den Wechsel bis heute, denn viele Arbeitsplätze sind abgewandert. Dadurch ist die Kirche als zentraler Ort der Orientierung und des Zusammenhalts wichtiger geworden.

Es gibt kaum eine Familie in den Städten von Chin State – weniger bisher in den Dörfern –, von der nicht mindestens ein Familienmitglied im Ausland lebt, arbeitet, studiert hat. Aus Spannungen und Unruhen, aber auch wirtschaftlicher Perspektivlosigkeit entstanden Migrationsbewegungen ins nahe, vor allem aber »westliche« Ausland, in die USA, nach Kanada, Skandinavien, Deutschland, Australien. Von zahllosen Einzelschicksalen oft ähnlicher Auswanderungshistorie hört man: Die Familie hat gespart, um den intelligentesten, fähigsten Sohn oder die klügste, fleißigste Tochter für eine Ausbildung oder zum Studium ins Ausland zu schicken, in der Hoffnung, dass er oder sie danach dort eine einträgliche, zumindest besser bezahlte Anstellung erhalten würde, um dann Geld überweisen zu können. Dieses Geld sichert die Ausbildung der jüngeren Geschwister, und der elterliche Haushalt kann das tägliche Leben bestreiten. Das schweißt die Gemeinden zusammen, über alle Grenzen hinweg.

Adresse 93°40'40.06" E 22°54'45.84" N, Falam | **Anfahrt** im Zentrum von Falam oberhalb der Falam Road auf einem Sporn | **Öffnungszeiten** ganztägig | **Tipp** Ein beeindruckender Friedhof liegt auf einem Sporn unterhalb der Falam-Hakha Road, circa drei Kilometer von der zentralen Kreuzung in Falam entfernt.

89 Die Kleinstgärtchen
Grün für die Suppe

In Falam ist nicht viel Platz. Straßen, Häuser – alles muss sich auf engem Raum arrangieren. Die Hänge sind steil und steiler, je nachdem, wo man sich gerade befindet. Auf dem einzigen »Plateau«, das wie eine ganze Scholle abgerutscht zu sein scheint, knubbeln sich neben dem wuchtigen Bau der Falam Baptist Church auch die meisten Verwaltungsgebäude und einige Wohnhäuser; schon der Markt muss sich mit einer Randlage etwas unterhalb begnügen. Viele Holzhäuser stehen halb auf der zentralen Straße, die erstaunlicherweise jüngst verbreitert und in den Berg »hineingekratzt« wurde, halb mit bis zu sechs, teils gar acht Meter langen dünnen Holzpfosten abgestützt im Hang. Man wagt sich kaum vorzustellen, wie es sein mag, wenn einem bei stärkeren Monsunregenfällen die Stelzen unter dem Boden weggezogen werden, was gelegentlich passieren soll.

So ist denn auch der Platz für den Alltag rar: der Platz für die Bank vorm Haus, direkt an der Straße, für die abendlichen Gespräche mit Familie und Freunden, Zimmer für den Aufenthalt der Bewohner und für die Aufstellung des Webstuhls, Raum für das Kleinvieh und die Schweine. Autos spielten ja bis in die jüngste Vergangenheit hier kaum eine Rolle – der heutige Straßenraum bot zuvor ausreichend Fläche zum Handwerken, Holzhacken, Wäschetrocknen, zum Spielen der Kinder. Und für Kleinstgärtchen an nahezu jeder Ecke, jedem Zipfel Land. Man gräbt sie in den Hang, legt sie als Miniaturbeete direkt am Haus an, pflegt sie, gießt sie. Manchmal reichen ein paar Blumentöpfe als Kleinstgarten.

Es ist praktischer so: Salat, Gemüse, Kräuter, das Grün für die Suppe wachsen förmlich in den Kochtopf. Der Ort hat einen Preis verdient für die großartige kollektive Leistung, den Stadtraum zu begrünen, überall, auf kleinstem Raum. Freilich ganz anders als bei uns. Noch lebt der Brauch! Wie lange noch? Möge der Wert des nahen Grüns die Zeitenwende der Automobilität überleben und wertgeschätzt bleiben!

Adresse 93°40'37.52" E 22°54'44.67" N, Falam | **Anfahrt** überall in Falam an den Häusern zu beobachten, unter anderem an der Lower Bogyoke Street unterhalb der Falam Road im Stadtzentrum | **Tipp** Rückengurtweberinnen (jack khout) arbeiten in Shops und Privathäusern entlang der Lower Bogyoke Street.

90___Die Internatsschule
Von weiten Wegen und teurem Wissen

Von außen denkt man eher an eine Scheune, doch es geht darin so quirlig zu, dass man neugierig wird: Hunderte Kinder wiederholen das Alphabet, sprechen im Chor der Lehrerin nach, laut und vernehmlich, engagiert und ganz bei der Sache. Morgens sieht man überall im Ort Schülerinnen und Schüler in Trainingsanzügen, und wenn man es weiß, erkennt man die engen Unterkünfte, in denen sie in einfachen Schlafsälen leben. Aus den umliegenden Dörfern kommen sie, waren teils mehrere Tage zu Fuß oder mit den Eltern auf dem Motorrad unterwegs über Stock und Stein, um hier einige oder – abhängig davon, was finanziell möglich ist – viele Monate lang zur Schule gehen zu können. Besonders vor dem Abschluss der 10. Klasse – bevor die Kinder das hochbegehrte »matric exam«, die Zugangsprüfung für die Universitäten und Colleges, ablegen – stehen die Internatsschulen hoch im Kurs. Denn von der erreichten Punktzahl hängt die gesamte weitere Ausbildung, letztlich das weitere Leben ab: Ob man überhaupt zu einer Universität oder einem College gehen kann und welches Fach man studieren darf. Anders als bei uns spielen Fächervorlieben kaum eine Rolle, der Bachelor-Abschluss als solcher zählt. Je höher die Punktzahl, desto prestigeträchtiger das Studienfach. Wiederholen oder Wechseln sind nicht möglich. Die Jugendlichen sind dann 16 Jahre alt.

Die Eltern allein sind in der Regel nicht in der Lage, einen Aufenthalt im Internat finanziell zu schultern, schon gar nicht für ihre vielen Kinder. Für die besten gibt es Stipendien. Oft aber legen alle Verwandten oder sogar das ganze Dorf die Ersparnisse zusammen, um den begabtesten und fleißigsten Schülerinnen und Schülern einen Aufenthalt in Falam zu ermöglichen. Oft sind es die Geldüberweisungen von Verwandten im Ausland, die die Ausbildung der jüngeren Geschwister oder Cousinen wesentlich finanzieren. Bald werden diese die Ausbildung der nächsten Generation tragen.

Adresse 93°40'45.48" E 22°54'40.89" N, Falam | **Anfahrt** etwa 200 Meter unterhalb der Falam Baptist Church, gegenüber der Town Hall | **Tipp** Besuchen Sie den Morgen-Markt am Zentralmarkt und frühstücken Sie danach im Shan-Noodle-Restaurant direkt an der Stadthalle.

91__Der Herzsee

Wünsche grenzüberschreitend

Die Wasseroberfläche des herzförmigen Rih-Sees, direkt an der Grenze zu Indien, spiegelt nicht nur die raue Schönheit der immer noch schwer zugänglichen Chin-Berge wider. Der See ist auch ein heiliger Ort des traditionellen animistischen Glaubens der Chin-Völker, bei denen sich seit über 100 Jahren das Christentum ausbreitet. Die Seelen der Verstorbenen durchwandern den See auf dem Weg zu einem friedlichen Verweilen im Dorf der Toten (Mitthi khua, für Gewöhnliche) oder im Paradies (Pialral, für Auserwählte). Die Vorstellung war weit verbreitet.

Der vermeintliche Gegensatz zwischen traditioneller Lebensweise und christlichen Konzepten ist aufgrund der Parallelen – insbesondere dem Glauben an eine höhere Macht (Mal rhai und Muihla) und einem Leben nach dem Tod – eher ein integrativer Faktor für die Identitätsbestimmung eines Volkes, das in sechs Haupt- und zahlreiche Unterstämme gegliedert und heute auf drei Staatsgebiete verteilt ist. Dem Mythos nach aus dem Erdinneren »Chinlung« entstanden, ins Chindwin-Tal (Nordwest-Myanmar) eingewandert, mutmaßlich aufgrund einer Flutkatastrophe nach Kamphat am Fuße der Chin-Berge umgesiedelt und um 1500 von Shan-Fürsten in die westlichen Berggebiete bis nach Manipur und Chittagong verdrängt, entwickelten die Chin zahlreiche individuelle »soziale Gruppen« (*Tual communities*) mit eigenen Dialekten und graduell unterschiedlichen Traditionen. Der Verlust der jahrhundertelangen Unabhängigkeit durch die britische Annexion 1886, die Zerschneidung der traditionellen Heimat (Chinland), Verfolgung bis 2011 und bis vor Kurzem fehlende Entwicklungsimpulse führen heute zu einem sich wieder belebenden Bedürfnis nach gemeinsamer ethnischer Identität. Traditioneller Glaube und Christentum verbinden sich und fördern Gemeinschaft. Grenzübergreifender Handel entwickelt sich, und der Rih-See wird zunehmend touristisches Ziel der Chin beiderseits der Grenze.

Adresse 93°23'6.72" E 23°20'26.37" N, Rihkhawdar | **Anfahrt** Rihkhawdar, Grenzstadt an der myanmarisch-indischen Grenze, Rihkhawdar Block 2 (670 Meter ü. NN.): Grenzstadt am Tyao Fluss; Rihkhawdar Block 1 (920 Meter ü. NN.) mit Rih-See: circa 3,5 Kilometer südlich von Block 2 (Abzweig von der Straße nach Falam) | **Tipp** Ein Spaziergang durch das kleine, dicht bebaute zweite Zentrum von Rihkhawdar am Tyao-Grenzfluss lohnt sich, es ist jedoch leider kein Grenzübertritt möglich.

92 Die Laipien-Sekte

Am Ort des Dauerschalls

Trommeltöne, sphärische Klänge, die gleiche Tonfolge, am Tag und in der Nacht. Immer, unentwegt. Man kann ihnen nicht entkommen. Und da ist diese Metallkiste, groß wie ein Haus, eine Mischung aus silberner, überdimensionierter Mondlandefähre und UFO aus einem 70er-Jahre-Science-Fiction-Film. Von einem achteckigen Turm mit Außentreppen blickt man darauf – ein überdimensionierter Radiowecker, auf Future Sounds getunt. Unweit davon Denkmäler mit einer blauen Weltkugel, Stelen mit dem Porträt eines Mannes und den Schriftzeichen eines seltsamen Alphabets.

Wenn man an einem Wintermorgen in strömendem Regen die Tore passiert, vorbei am Wärterhaus, also mit ausdrücklicher Zustimmung, fast einen Kilometer durch eine regelmäßig bebaute Siedlung mit großen, teils bunt mit Friesen geschmückten Steinhäusern fährt, dann begreift man nicht sofort, dass man ins Zentrum einer Sekte eintritt, der dem Vernehmen nach geschätzte 5.000 Jünger folgen sollen. Gegründet wurde sie am 1. Januar 1917 vom Propheten Pau Cin Hau, einem sendungsbewussten Chin, der die Lehre vom allwissenden Schöpfer Pasian an seine Ergebenen weiterleiten wollte. Seine Laipien-Sekte verfolgt die Erlösung vom bösen Dämonen Dawi, indem sie auf das Töten von Tieren verzichtet und sich nur von pflanzlichen Produkten ernährt. Die Lehre verbindet rechtschaffenes Leben mit spirituellen Kulten der heiligen Siangsawn-Geister. Eigene Literatur und Musik gehören dazu. Die Sekte wurde vom Vizekönig Lord Chelmsford registriert und ist bis heute in Myanmar offiziell anerkannt. Man munkelt, sogar in höheren Etagen stünden ihr einige nahe und unterstützten sie finanziell. Ihre Anhänger bauen für ihre Versammlungen große Gebäude, »church« genannt, mit einer Art Altar, ohne Kreuz. Vertreten ist die Sekte mit kleinen, selbstisolierten Gruppen, wenn man das Zeichen der Flamme im Giebel ihrer Kirchen erkennt, in einigen Städten von Chin State.

Adresse 93°40'14.9" E 23°23'41.81" N, Tiddim | **Anfahrt** Tiddim ist von Kalay (Sagaing Region) auf inzwischen sehr gut ausgebauter Straße in circa 3,5 Stunden (85 Kilometer) zu erreichen. Das Laipien-Dorf (Siangsawn Veng) liegt östlich vom nördlichen Ende des bebauten Gebietes von Tiddim, zu erreichen ist es über die Teeklui Road (circa 1 Kilometer von Tiddim Road entfernt). | **Öffnungszeiten** Zugang zum Dorf nach Anmeldung am Eingangstor | **Tipp** Im Ort kann man den ausgezeichneten Chin-Kaffee in den Läden an der Straße kaufen. Tiddim-Kaffee ist nur in Tiddim zu bekommen.

93 Die Salzquellen

Blubbern aus der Erde

Zuerst hoppelt man mit dem Moped über Stock und Stein, schreitet unter Bäumen durch Feld und Wiesen, stakst durch Kies und Sand – und findet dann das Salz für die Suppe. So kann man es in Cikha erleben, wenn man von der »Hauptstraße« des Dorfes aus dem Hinweis folgt, es gebe hinter dem Hügel Interessantes auf dem Boden zu sehen. Aber bevor es so weit ist, muss man erst eine Viertagesreise hinter sich bringen: von Yangon in 26 Stunden im Reisebus durch die Ebene und über mehrere Gebirgszüge nach Kalay, gefolgt von zwei Tagesreisen durch das Gebirgsmassiv vom Chin-Staat bis zum Manipur River. Dort endete die Reise zumeist erst einmal. Praktischerweise wird hier nun gerade eine Brücke gebaut. Vorher musste man nämlich den Fluss queren, der nach leichten Niederschlägen der Breite der Elbe, nach Gewittern eher der des Rheins ähnelt. Wegen der hohen Fließgeschwindigkeit sowie der unterschiedlichen Wasserstände gibt es keine Fähre.

Nach Tagen endlos erscheinender, kurviger Straßen, Sträßchen, Wege, Pisten und unvorstellbar schöner Landschaften und Dörfer, Kühle und Kälte, immer auf und ab – Gebirge eben! –, öffnet sich mit einem Mal ein weites, liebliches grünes Tal. Mit an einer zentralen Straße entlang aufgereihten schmucken Häusern, frischen Reisfeldern, Sonnenblumen, Wäldchen. Die Temperaturen steigen mit jedem Meter Abfahrt aus der Höhe. Man muss sich dort selbst versorgen, mit allem. Auch mit Salz.

Aus dem Boden blubbern blasige Beulen, Matsch macht Marschieren mühsam, Krusten künden von Kristallen. Das Salz der Erde – hier ist es. Und auch wenn sich später im Labor der Universität zu Köln herausstellte, dass es sich »nur« um normales Salz (»Kochsalz«) ohne besondere Zutaten handelt: Die Entdeckung war es wert. Und wenig später folgte ein kleiner Ausflug an die indische Grenze: ein einfacher Bach, idyllisch im Wald. In den Bergen dahinter erst die Grenzposten.

Adresse 93°31'36.09" E 23°53'34.02" N, Cikha | **Anfahrt** Cikha liegt 130 Kilometer nördlich von Tiddim, circa 10 Kilometer von der myanmarisch-indischen Grenze entfernt. Die Salzquellen befinden sich knapp 1 Kilometer westlich des Sportplatzes und sind über eine unbefestigte Straße am besten mit dem Motorrad zu erreichen. | **Tipp** Trinken Sie ein Kaltgetränk am letzten Kiosk vor der Grenze in Cikha, ungefähr in Höhe der Schule auf der westlichen Seite der Straße. Genießen Sie ebenso eine Tüte hausgemachter Kartoffelchips.

94__Der Grenzübergang
Ferner Gebirgshandel

Monkeyfruit überall – die Nachfrage in Indien ist hoch, und so queren nach der Ernte im April Hunderte Händler täglich die Grenze von Myanmar nach Manipur und transportieren die langen grünen Schoten von Ost nach West. Und nicht nur das: In den Markthallen direkt am Grenzübergang kann man so ziemlich alles kaufen, was einem aus der Restaurantszene und von den Shopping-Paradiesen des großen Nachbarn bekannt ist: indische Currys und Masala, Konserven mit Matar Paneer und Shahi Jamun, indischen Chai und Himalaya-Zahnpasta, Salwar Kameez und Kaschmirschals. Tamu – und ergänzend auf der indischen Seite die Stadt Moreh – haben sich in den letzten Jahren zu einem Umschlagplatz für den Grenzhandel zwischen Indien und Myanmar gemausert. Aus Myanmar werden vor allem unverarbeitete landwirtschaftliche Produkte, aus China billige Plastikware und aus Thailand teure Lebensmittel nach Indien verbracht. Aus Indien kommen Fertigprodukte nach Myanmar. Es wäre naiv zu glauben, dass alles geregelt und registriert zugeht. Ohnehin ist es ein illusorisches Unterfangen, die mehr als 1.600 Kilometer lange »grüne Grenze« kontrollieren zu wollen.

Tamu und Moreh sind der Ankerpunkt einer großen Idee, nämlich einer durchgängigen guten Straßenverbindung zwischen Indien und Thailand. Indien hat bereits vor einigen Jahren kräftig investiert und Myanmar, nicht ganz uneigennützig, eine asphaltierte Schnellstraße, die India Myanmar Friendship Road, spendiert. Auch Thailand spart nicht am Ausbau der Autobahn von Bangkok über Tak nach Mae Sot. Dazwischen aber fehlen noch gut 1.300 Kilometer Straße, die über zahlreiche Gebirgsketten hinweg gebaut werden müssten – nicht eine Frage der Zeit, sondern von Finanzen und politischen Prioritäten. Und so bleibt der Handel über die Grenze einstweilen eine Angelegenheit am Rand der Staaten, von einem grenznahen Gebirge zum anderen – aber kaum darüber hinweg.

Adresse 94°18'32.87" E 24°14'48.08" N, Tamu | **Anfahrt** von Kalay über AH 1 (India Myanmar Friendship Road) in knapp 3 Stunden zu erreichen, Grenzmarkt (Namphalong) in Moreh, nördlich des Flusses Chaung Gyi, direkt am Grenzübergang zwischen Myanmar und Indien | **Tipp** In den Coffeeshops des Namphalung-Marktes am Checkpoint gibt es traditionellen indischen Chai.

95__Der Chindwin-Hafen
Fünf Tage stromabwärts

Zweimal wöchentlich kann man von Mandalay aus nach Khamti fliegen, ein bereits untrüglicher Indikator dafür, wie weit man sich vom Zentrum des Landes entfernt. Und bereits beim Flug über die geschlossenen Baumkronen der ausgedehnten Waldgebiete der Sagaing-Region versteht man, wie abgeschieden der Nordwesten ist. Zehn Minuten vor der Landung lichtet sich der Wald, und man überfliegt gerodete Flächen mit zahllosen Baggerseen, Schotterfeldern, Hüttensiedlungen – die Tagebauregion von Hpakant mit den besten Jadevorkommen der Welt. In Khamti erwartet einen ein kleines Städtchen mit einem gar nicht so kleinen Marktbereich und einer lebendigen Uferstraße entlang des Deiches zum Chindwin. Seine Höhe erstaunt zunächst, denn fast 20 Meter unterhalb liegt der Fluss. Die Berichte von den enormen Wassermengen und Überschwemmungen während des Monsuns erweitern schnell das Verständnis.

Am unbefestigten Flusshafen – wie sollte man auch bei so unterschiedlichen Wasserständen eine standhafte Mole bauen können? – liegen zahlreiche, in bunten Farben sauber angestrichene Boote, lang gestreckt, mit Kajüten im vorderen Bereich, einem tiefer liegenden Passagier- und Lastenbereich in der Mitte, Motorraum und Entsorgungsorten hinten, einem flachen Dach, geeignet für den Transport von Gütern aller Art. Regelmäßig starten hier die Fahrten den Chindwin hinab, über Thamanti, Homalin, Mawlaik und Kalewa nach Monywa. Wenn man vor Sonnenaufgang bereit ist zu starten, schafft man die Distanz mit einem Expressboot während der Trockenzeit in zwei bis drei Tagen, je nach Wasserstand und Sandbanklage; aber es ist kein Fehler, sich etwas mehr Zeit zu lassen. Man kann die gut 800 Kilometer auch in einer Kombination von Bus, Sammeltaxi und Auto zurücklegen. Das ist die abenteuerliche Variante von unvorhersagbarer Dauer, bei der man schnell begreift, dass Straßen nicht überall eine optimale Wahl sind.

Adresse 95°41'40.83" E 26°0'9.28" N, Khamti | Anfahrt am nördlichen Chindwin (Sagaing Region, Khamti Township) | Tipp Genießen Sie den Sonnenuntergang an der Mya Thein Tan-Pagode im Süden der Stadt am Ende der Uferstraße.

96 Der Stadtrand
Tief in den 1.000 Bergen

Mit Nagaland verbindet man in Myanmar extrem abgelegene Gebiete, kriegerische Bergstämme und eine selbst administrierte Zone. Für die Luftlinienentfernung von 40 Kilometern zwischen Khamti und Lahe braucht man über die fünf Bergketten mit sehr steilen Hängen und oft unbefestigten Wegen bei trockenem Wetter gut sechs Stunden. Dabei ist Lahe vergleichsweise noch am einfachsten zu erreichen; Nagaland insgesamt erstreckt sich über gut 300 Kilometer entlang der Grenze nach Indien. Kriegerisch gingen die verschiedenen Gruppen nicht nur gegeneinander vor, sie stehen auch – westlich und östlich der Grenze – bis heute teilweise im Widerstand gegen die Staatsgewalten. Mit verwaltungsbezogenem Sonderstatus gesteht man ihnen eigene Rechte zu. Vor Kurzem wurde Lahe offiziell der Status einer Stadt verliehen – womit das Privileg verbunden ist, vom Staat eine Mindestausstattung an öffentlichen Einrichtungen zu erhalten. Neben einer Reihe neuer Verwaltungsgebäude gehören ein Krankenhaus, eine weiterführende Schule und eine Markthalle dazu – und eine verbesserte Straßenanbindung nebst Darainage.

Der Ort Lahe besteht aus drei Teilen: Im Zentrum konzentrieren sich kleine Geschäfte und Marktstände, in denen es viele, neuerdings auch »westliche« Waren zu erwerben gibt – von Handwerkszeug über Kleidung bis zu Genusswaren. Kirche und Pagode liegen ebenso im Ortskern wie der Neujahrsplatz für die ausdrucksstarken Neujahrsfeiern. Oberhalb befindet sich ein großes Militärlager. Das traditionelle Dorf liegt am Rand an den steilen Hängen; hier findet man traditionelle Häuser, ganz aus Naturmaterialien, oft mit tief heruntergezogenem Dach und immer mit umgebendem Hausgarten für die Selbstversorgung. Wellblech hat bisher noch keinen Einzug gehalten, vor allem wegen der starken Niederschläge und Stürme während der Regenzeit sowie auch aus Kostengründen. Solarpanels finden sich zunehmend, sie bringen Licht in der Nacht.

Adresse 95°26'34.27" E 26°19'31.24" N, Lahe | **Anfahrt** in den Naga-Bergen (1.100 Meter ü. NN.) in der nördlichen Sagaing Region (Lahe Township) | **Tipp** Ausflüge in die Dörfer der Naga sind zu empfehlen. Achtung: Hierfür ist eine offizielle Reiseerlaubnis erforderlich; dabei entscheidet sich auch, welche Dörfer man besuchen kann.

97__Die Shwe Myae Zu-Pagode

Leuchten im See

Sie taucht wie eine Fata Morgana in der Ferne auf, wenn man auf dem Weg von Lone Ton zu den Pelikanen im Vogelschutzgebiet den Indawgyi-See mit dem Motorboot quert. Solange keine Wellen von vorbeifahrenden oder ablegenden Booten die Wasserfläche in Bewegung bringen, scheinen Bild und Spiegelbild der Shwe Myae Zu-Pagode identisch: Eine breite weiße Plattform schwimmt, so die Wahrnehmung, in der Mitte des Sees, und in das Blau des Wassers taucht ebenso ein vergoldeter Stupa, wie er sich in das Blau des Himmels erhebt. Kommt man von Westen näher, bemerkt man erst im letzten Augenblick die Anlegestelle, die das Boot ansteuert und von der aus sich die Pagode erkunden lässt. Und man sieht auch, dass die Pagode nicht völlig im Wasser steht, sondern über einen befestigten Weg mit dem etwa 200 Meter entfernten Ufer verbunden ist. Nur einmal im Jahr wird die Ruhe auf der künstlichen Insel unterbrochen, wenn Ende Februar oder Anfang März ein mehrtägiges Fest einheimische Familien anlockt, die am Ufer gegenüber der Pagode übernachten und bei lauter Musik feiern.

Der Indawgyi-See ist mit über 50 Quadratkilometern der größte natürliche See Myanmars. Die Bewohner der wenigen Dörfer am See sind großenteils in der Landwirtschaft und Fischerei beschäftigt, doch oft können nur Gelegenheitsarbeiten vermittelt werden. So besteht bei vielen jüngeren Personen mit guter Schulbildung der Wunsch, die Region zu verlassen und bessere Beschäftigungsmöglichkeiten zu suchen. Über die Landwirtschaft und die Fischerei, die bislang überwiegend der regionalen Selbstversorgung im Westen von Kachin State dienen, sowie über den Goldbergbau in den begrenzenden Gebirgszügen bestehen derzeit nur bescheidene Entwicklungsmöglichkeiten. Trotz fehlender Infrastruktur besteht Potenzial für künftigen Ökotourismus.

Adresse 96°18'57.35" E 25°8'56.23" N, Indawgyi-See | **Anfahrt** circa 160 Kilometer westsüdwestlich von Myitkyina (Kachin State, Mohnyin Township), Pagode am westlichen Seeufer in der Nähe des Dorfes Nanpade | **Tipp** Unternehmen Sie in Lone Ton einen Spaziergang durch die gepflegte Siedlung.

98 Das Naturschutzgebiet

Unter Pelikanen und Störchen

Malerisch segeln die schönen Vögel in großen Schwärmen über die Köpfe. Ihr Krächzen, Grunzen, Zischen und Pfeifen kann gut hören, wer mit einem Ruderboot unterwegs ist oder die Motoren der Schnellboote abgestellt hat. Am Nordende wurde 1999 ein 775 Quadratkilometer großer Bereich zum Vogelschutzgebiet erklärt. Hier leben 95 verschiedene Arten von Wasservögeln, darunter viele Zugvögel; zehn Arten stehen auf der Roten Liste. Geschützt sind etwa der Ährenträgerpfau, die Baermoorente, der Graupelikan, der Malaienstorch, das Purpurhuhn, der Sundamarabu und der Weißbürzel-Aasgeier.

Der See und seine unmittelbare Umgebung gehören, wie andere Gebiete Myanmars, zu den artenreichsten Regionen weltweit, den 25 globalen »Hotspots« der Biodiversität. Der Norden Kachins, die Wälder von Kayin State und weite Teile Tanintharyis weisen die höchste Artenvielfalt auf. Manche Regionen wurden noch kaum erforscht. Die Bandbreite der Ökotope Myanmars reicht von alpinen Matten, Trocken- und Regenwäldern über Überschwemmungsflächen, Küstenzonen bis zu Flussdeltas, Korallenriffen und Inselarchipelen. Die Artenliste weist mehr als 300 Säugetier-, 370 Reptilien- und 1.089 Vogelarten auf, darunter zahlreiche vom Aussterben bedrohte; dazu gehören wilde Elefanten (bereits seit 1879 geschützt), Tiger, Leoparden, Bären, einige Primaten und zahlreiche Vögel. Andere Arten wurden bereits ausgerottet, etwa der Große Panda oder mehrere Rhinozeros-Arten.

Landesweit existieren in Myanmar sieben Nationalparks, drei Naturreservate und 29 Naturschutzgebiete, zudem Reservate, Schutzzonen und Elefantencamps. Es gibt Zoos in Yangon, Mandalay und Nay Pyi Taw. Die meisten Schutzgebiete sind bedrängt von landwirtschaftlicher Erschließung, Bergbau und Infrastrukturausbau. Probleme fehlender Durchsetzung von Gesetzen, unzureichende Managementpläne, fehlendes Personal und mangelnde Finanzen erschweren den Umweltschutz.

Adresse 96°22'7.48" E 25°14'2.13" N | Anfahrt nördlicher Seebereich des Indawgyi, circa 160 Kilometer westlich von Myitkyina | Tipp Unternehmen Sie einen Ausflug nach Nyaungbin, wo eine schöne große Schule beeindruckt.

99__Der Jadebergbau
Nachbarschaftsminen und Großkonzerne

Die Fahrt nach Hpakant führt zunächst durch gebirgiges, malerisches, noch kaum besiedeltes Gelände. Bald jedoch ändert sich das Bild: Abgeholzte Hänge säumen umgewühlte Landschaften, braune Flüsse winden sich durch offensichtlich schnell entstandene Siedlungen, erschlossen in Wildwestmanier. Es ist das neue Eldorado für Schatz- und Glücksuchende in Myanmar und das aufschlussreiche Beispiel einer jungen Bergbaustadt.

Mineralienatlanten listen neben den angeblich weltweit feinsten und größten Jadevorkommen zahlreiche weitere, darunter sehr seltene Mineralien auf, etwa Eckermannit, Glaukophan, Kosmochlor, Richterit, Trinephelin, Wüstit. Überwiegend im Tagebau werden die Edelsteine und Mineralien abgebaut. Unzählige Bulldozer, Schaufelbagger, Planierraupen, Bohrmaschinen, Laster wühlen sich in die Hänge, viele Maschinen wurden illegal ins Land gebracht. Der Holzbedarf für den Bergbau und die Bewohner ist hoch, entsprechend wurden die umgebenden Wälder weitgehend abgeholzt. Während des Monsuns sind die Lebens- und Arbeitsbedingungen nochmals extremer. Etwa 800 Minenunternehmen mit Lizenz operieren in Hpakant, es dominieren aber zehn große Unternehmen, die fast ausschließlich in chinesischer Hand oder Joint Ventures sind. Um die kleinen Minen gruppieren sich Nachbarschaften, deren Arbeiter mit einfachen Werkzeugen nach Jade graben. Viele suchen auch in den locker geschichteten, daher instabilen Abraumhalden nach kleineren Funden. Bei Erdrutschen, gerade während der Monsunregen, kommen immer wieder zahlreiche Menschen ums Leben.

Hpakant ist in den letzten Jahren enorm in die Umgebung gewachsen: In die noch bis in die 1970er Jahre sehr kleine Siedlung am Uyu-Fluss strömen zunehmend Arbeitsmigranten, zumeist junge Männer, aus fast allen Landesteilen von Myanmar. Sie suchen eine Chance, hier im Bergbau Arbeit zu finden oder zumindest tageweise Beschäftigung.

Adresse 96°17'28.5" E 25°36'41.33" N, Hpakant | **Anfahrt** Hpakant (Kachin State, Hpakant Township) liegt circa 220 Kilometer westnordwestlich von Myitkyina am Fluss U Yu Chaung. Für die Anfahrt vom Indawgyi-See durch Täler mit abgeholzten Hängen ist eine offizielle Reiseerlaubnis erforderlich. | **Tipp** Vom Jade City Hotel aus hat man einen guten Blick über den alten Ort.

100 Das Rohstoffzentrum
Bernstein plattenweise

Sehr wenige Touristen machen sich auf den Weg ins Hukawng Valley; es gehört zu den bisher unbekanntesten Reisezielen im Land. Zumeist besuchen sie das 2003 zum Naturschutzgebiet erklärte größte Tigerreservat der Welt. Es ist mit seinen knapp 18.000 Quadratkilometern auch Heimat zahlreicher weiterer Tierarten wie Elefanten, Leoparden und Bären; hinzu kommen zahlreiche Affen- und Vogel-, seltene Amphibien-, Reptilien- und Insektenarten. Zur enormen Vielfalt zählen auch geschätzt 13.500 Pflanzenarten.

Der Ort Tanai liegt im Zentrum des Hukawng-Tals, das man auf einer gut aufgeschotterten Straße von Myitkyina aus erreichen kann. Auf den ersten Blick scheint er zu den vielen kleinen Städten mit lokaler Bedeutung zu gehören, mit kleinem Markt- und Versorgungszentrum, gepflegten Wohnquartieren, einem quirligen kleinen Flusshafen. Doch Tanai ist weit mehr, nämlich das Zentrum einer der wichtigsten Erschließungsfronten des Landes – die Begehrlichkeiten nationaler und internationaler (vor allem chinesischer, thailändischer, russischer) Investoren in Bezug auf Landwirtschaft und Bergbau sind massiv.

Auch wenn die einheimische Bevölkerung oft für den Rückgang der Tierpopulationen im Schutzgebiet verantwortlich gemacht wird, liegen die Probleme anders: Große Agrarunternehmen erhielten die Genehmigung, auf einer Fläche von 80.000 Hektar Cassava, Jatropha und Zuckerrohr für die Gewinnung von Biokraftstoff für China anzupflanzen. Zunehmend operieren Goldminen und Goldwäscher im Tagebau, etwa im westlichen Shingbwiyang-Tal. Sie verwenden Cyanid, Quecksilber, Arsen und Cadmium zur Goldgewinnung, die die Gewässer und Böden massiv schädigen. Auch der Abbau und Handel mit Bernstein floriert: Der Geologe Otto Helm beschrieb im Jahr 1894 das fossile, etwa 100 Millionen Jahre alte Harz erstmals und nannte es Birmit. In Tanai kann man es sehen: In großen Platten wird es abgebaut.

Adresse 96°42'59.42" E 26°21'38.82" N, Tanai | **ÖPNV** zentrale Stadt im Hukawng-Tal (Kachin State, Tanai Township) am Fluss Tanai Hka, 190 Kilometer nordwestlich von Myitkyina | **Tipp** Der Besuch des Tigerreservats ist ein eindrucksvolles Erlebnis. Er ist allerdings nur mit Führung und mit offizieller Reiseerlaubnis möglich.

101__Shatapru-Manau

Tanz der Eigenständigkeit

In Friedenszeiten findet in Myitkyina und Puta-O in der ersten Januarwoche das traditionelle Manau-Fest der Kachin statt. Hierfür kommen Kachin nicht nur aus den verschiedenen Teilen des Kachin-Staates und Myanmars, sondern aus aller Welt zusammen. Üblicherweise organisiert das Kachin Culture and Literature Central Committee die Feierlichkeiten. Es gibt aber auch das offiziell von der Regierung Kachins eingesetzte Manau Festival Organization Committee. Dieses hat nun das fünftägige Manau Dance Festival organisiert, an dem viele Mitglieder der Verwaltung, Geschäftsleute und einige religiöse Organisationen teilnehmen, viele Angehörige der lokalen Bevölkerung aber nicht, denn sie weigern sich, das Fest in Konflikt- und Kriegszeiten zu feiern, wie derzeit in Kachin State.

Manau heißt in der Kachin- (genauer: Jinghpaw-)Sprache »Festival«, und die Kachin kommen zusammen – eben um zu feiern. Traditionell gibt es sieben Gründe für das Manau: Feiern zu Neujahr, aus Anlass einer guten Ernte, einer siegreichen Schlacht, zur Einweihung eines neuen Hauses oder einer Kirche, Familienfeiern zu Hochzeiten, Schul- oder Studienabschluss und auch zum Verabschieden von Angehörigen, die in eine andere Region umziehen. Der ursprünglichste Grund war die Verehrung von Lamu madai nat, des Gottes der Geister, an den manche Kachin bis heute glauben. Heute ist das Fest Ausdruck des Willens ethnischer Eigenständigkeit.

Die zehn Manau-Pfähle – sechs stehen senkrecht, vier diagonal – sind mit farbenfrohen Motiven bemalt: Ameisen, fliegende Vögel, kämpfende Bullen, wogende Wellen. Die beiden größten Pfähle stehen für Vater (mit dem Mond) und Mutter (mit der Sonne). Sechs Pfähle repräsentieren die ethnischen Hauptgruppen der Kachin: die Jinghpaw, Lachit, Lauwo, Lisu, Rawan und Ziawa. Die Teilnehmer tragen bei traditionellen Tänzen um die Manau-Pfähle beste traditionelle Kleidung und Waffen.

Adresse 97°24'21.06" E 25°24'6.63" N, Myitkyina | **Anfahrt** circa 1,5 Kilometer nördlich vom Kachin State Cultural Museum an der Munkhrain Road | **Tipp** Empfehlenswert ist der Besuch der Kachin Language Society in der Nordostecke des Manauplatzes und des Kachin State Cultural Museum in der Munkhrain Road (Nordwestecke am Stadion).

102 Die Treppe am Ayeyarwady

Alltag am Fluss

Vom Ayeyarwady führt eine Treppe zum Markt hinauf. Sie ist nicht breit, aber dennoch von Marktverkäuferinnen mit ihrem Obst- und Gemüseangebot besetzt. So stellt sie eine Verbindung zwischen dem betriebsamen Stadtzentrum und dem ruhig dahinfließenden Strom dar, der hier schon bei geringem Gefälle die erhebliche Breite von mehreren hundert Metern erreicht. Der Schiffsverkehr ist nicht lebhaft, aber immer wieder ziehen schwerfällige Lastschiffe oder schnelle Personenboote vorbei. Sie machen deutlich, wie sehr der Ayeyarwady selbst an der Peripherie die Leitlinie des Landes für den Personen- und Gütertransport ist. Obst und Gemüse werden vom gegenüberliegenden Ufer geliefert, das noch nicht von der städtischen Expansion erfasst ist. Etwa 300 Meter flussabwärts der Treppe bieten Restaurants mit breiten Terrassen Möglichkeit zum Verweilen; am Abend, wenn sich im schnellen Wechsel Dämmerung und Dunkelheit ausbreiten, sollte man allerdings den Mückenschutz nicht vergessen.

Das gesamte Flussufer ist in den Alltag einbezogen: Etwa 100 Meter flussaufwärts, neben einer weiteren Treppe zwischen Stadt und Ayeyarwady, wird von einer bunt gekleideten Gruppe von Frauen Wäsche gewaschen, daneben spielen Kinder mit Kieselsteinen, etwas weiter entfernt wird der Fluss zum Bad. Einige wenige Anlegestellen erlauben es Booten, den Markt direkt zu beliefern.

Myitkyina ist die Hauptstadt des Kachin-Staates, des nördlichsten Territoriums von Myanmar, das bis in die schon zum Himalaya zählenden Hengduan-Berge reicht und im Hkakabo Razi (5.881 Meter) seine höchste Höhe erreicht. Die namengebenden Kachin (mit dem Begriff werden mehrere ethnische Gruppen zusammengefasst) wurden großenteils christianisiert, sodass man nicht nur in Myitkyina, sondern auch im Hinterland der Stadt auf zahlreiche, zum Teil sehr einfache Kirchen trifft.

103__Die Rückengurt-weberinnen

Wertvolle weiche Webware

Die Frau sitzt auf einer Matte auf dem Boden, die Füße gegen einen Balken gestemmt, in ihren Händen das Webgestell aus Bambusstangen und Zweigen: Sie verwendet eine sehr alte Webtechnik – mit Rückengurt und Joch. Die Kette ist auf der einen Seite an einem Stab an einem Balken befestigt, auf der anderen durch ein Joch nahe dem Körper; gespannt wird sie mit dem Rückengurt aus breitem Leder oder einem Textilband, in den sich die Weberin regelrecht »hineinlegt«. Der Schuss wird per Hand geschoben oder – je nach Muster – mit Hilfe eines dicken Stachels vom Stachelschwein eingeflochten, der Faden dann mit einem flachen Bambusstab festgeschoben.

Die Fäden der Kette werden in der Regel vor dem Weben gefärbt; zumeist wird Baumwolle verwendet. Die Kachin bevorzugen starke, dicke, eng gewebte Stoffe; bei den Farben stehen vor allem Schwarz und leuchtendes Rot hoch im Kurs. Oft sind leuchtend farbige geometrische Muster auf schwarzem Grund eingewebt oder eingestickt, die sich zudem zu weiteren, großen geometrischen Mustern fügen.

Gewebt werden Longyis und Eingyis – die traditionellen Wickelröcke und Oberteile – sowie Schals, Tücher, Schultertaschen und Kleinwaren wie Börsen, Behälter oder Püppchen. Kachin-Webwaren gehören in Myanmar an sich schon zu den besten und teuersten Bekleidungsstücken, sie halten aber auch sehr lange. Longyis aus Rückengurtweberei belegen die obersten Preissegmente. Denn weil die gewebten Bahnen naturgemäß relativ schmal sind, werden bei ihrer Herstellung drei Bahnen waagerecht zusammengenäht; auch müssen die Muster der Bahnen sorgfältig aufeinander abgestimmt werden. Für die Herstellung einer solchen Bahn braucht eine Weberin sechs bis acht Wochen. Weben ist Frauensache, und früher verbanden sich damit auch rituelle Handlungen, zumal die Stoffe und Muster kulturell wie sozial im dörflichen Leben von Bedeutung waren.

Adresse 97°24'45.74" E 25°25'20.74" N, Myitkyina | **Anfahrt** in den Quartieren nordöstlich der Myitkyina University | **Tipp** Es gibt zahlreiche Kirchen in Myitkyina zu sehen; einige Fassaden sind durchgehend mit Kieselsteinen geschmückt.

104___Das Aluminiumrecycling
Kochtopf aus Dosen

Wohin mit den alten Getränkedosen? Dass das Aluminium, aus denen sie hergestellt werden, ein wertvoller Rohstoff ist, kann man in dem kleinen Familienbetrieb lernen, in dcm aus gebrauchten Dosen und weiteren Aluminiumabfällen Töpfe, Schüsseln und anderes Küchengerät gefertigt werden. Sie werden an die örtliche Bevölkerung verkauft.

Der Herstellungsprozess ist eigentlich einfach: Die gebrauchten Dosen und weiterer Aluminiumschrott werden eingeschmolzen und mit der flüssigen Schmelze die gewünschten Gegenstände gegossen. Dieser weitgehend handwerkliche Vorgang erfordert aber viel Können. Die größte Herausforderung ist wohl die Herstellung der Sandform für den Guss. Stellen wir uns die Herstellung einer Aluminiumschüssel vor: Die Sandform hierfür besteht aus zwei Teilen und wird mit Hilfe eines Modells hergestellt. Der Unterkasten legt mit seinem Sandbett die inneren Maße der Schüssel fest, während der Oberkasten, der darübergestülpt wird, so exakt abgemessen sein muss, dass nur eine dünne Wand zwischen den beiden Teilen ausgegossen wird. Die beiden Teile der Form werden an zwei Führungshölzern passgenau zusammengefügt, sodass die Schüssel mit der Öffnung nach unten gegossen werden kann.

Damit der sehr feine Formsand gut modellierbar ist und die Form hält, ist er leicht durchfeuchtet. Jedes Abbröckeln würde zu einer Schwachstelle oder gar einem Loch in der Schüsselwand führen. Liegen die Formteile genauestens übereinander, kann gegossen werden. Jeder Guss ist ein Unikat – das Prinzip des Metallgusses in der verlorenen Form. Am Schluss wird die gegossene und abgekühlte Schüssel an einer senkrecht arbeitenden Drehscheibe zunächst gleichmäßig von allen Unebenheiten befreit, ehe von Hand die Kanten geputzt und mit der Feile abgerundet werden: Auch die dabei anfallenden Aluminiumspäne werden gesammelt, wieder eingeschmolzen und beim nächsten Guss erneut verwendet.

Adresse 97°23'58.77" E 25°22'00.43" N, Wet Gone Ward, Myitkyina | **Anfahrt** vom Zentralmarkt circa 2 Kilometer nach Süden auf der Munkhrain Road, dort nach Westen abbiegen, dann erste Straße nach Süden in die Mitte des Blocks | **Tipp** Besuchen Sie den sehr schönen, lebendigen Nachtmarkt am Zentralmarkt zwischen der Munkhrain Road und der Uferstraße.

105 Shingra Hpang Htingnu

Ein Haus trotzt dem Staudamm

Wer von Kachin-Freunden zum Verwandtenbesuch mitgenommen wird, der erlebt, welch ungeheure Bedeutung der familiär-soziale Zusammenhalt für die Kachin hat: Zuerst wird immer über die Familie gesprochen, wer derzeit was tut und wie es ihm oder ihr geht. Die genaue Kenntnis voneinander, über welche Ecken wer mit wem verwandt oder verschwägert ist, gehört zum Selbstverständlichen. Die Großfamilie ist wichtiger als die Kernfamilie. Anders als die meisten anderen ethnischen Gruppen in Myanmar tragen die Kachin Familiennamen. Personen gleichen Nachnamens dürfen nicht heiraten.

Die Familien sind groß und leben unter einem Dach; der Haushalt umfasst neben Mann, Frau und Kindern auch die Elternpaare und andere ältere Personen derselben Abstammung. So bauen die Kachin traditionell große rechteckige Langhäuser – wie in Myitsone zu sehen ist. Ein Haus steht auf kurzen Stelzen, hat eine tragende zentrale und äußere Ständerreihen und Zugänge an beiden Enden. Flechtwerkwände trennen einzelne Räume voneinander ab. Der Boden besteht aus Bambuslagen mit eingelassenen Kästen für offene Feuerstellen im Sandbett. In jedem Langhaus gibt es mehrere Feuerstellen, *daps*, um die herum man sich versammelt. Ein großes offenes Vordach über dem Eingangsbereich auf ebener Erde schützt vor Sonne und Regen, hier kann man im Freien geschützt arbeiten oder spielen. Über eine Leiter gelangt man ins Haus. Nach einer Veranda folgen mehrere »Zimmer« – für den Schrein, die Familien der Kinder, Gäste, je mit eigenem Feuerplatz – und ein zentraler Bereich mit der Feuerstelle fürs Kochen und Wandregalen für Trinkwasserschläuche. Das Langhaus in Myitsone sollte – wie die umgebenden Siedlungen auch – zugunsten eines großen Staudammprojekts chinesischer Investoren aus Myitsone verschwinden. Proteste der Kachin und starker Widerstand aus dem Land stoppten das Vorhaben, Steinsäulen erinnern daran.

Adresse 97°30'10.06" E 25°42'48.95" N, Myitsone | Anfahrt circa 200 Meter östlich der Myitsone-Pagode am Zusammenfluss von N'Mai Hka und Mali Hka | Tipp Auf dem Weg zum Zusammenfluss der beiden Flüsse sieht man schöne kleine Reisfeld-Täler und Brandrodungsfeldbau.

106 Der Ayeyarwady-Ursprung

Kieselsteine, Goldwäscher, Wasserkraft

Bei Myitsone fließen N'maikha und Malikha zusammen und tragen ab dort den Namen Ayeyarwady. Diese Stelle gilt als Ursprung des längsten, wasserreichsten und wichtigsten Flusses in Myanmar und zieht als mystischer Ort viele Besucher an. Ein in traditioneller Bauweise errichtetes Kachin-Haus und eine Pagode tragen der spirituellen Bedeutung Rechnung, ein paar einfache Restaurants, hochwassersicher auf einer Terrasse etwa 20 Meter über dem Fluss, befriedigen die Erfrischungsbedürfnisse der Reisenden.

Den Besucher zieht es schnell zum kiesigen Flussufer. Je nach Mineralzusammensetzung verraten die Kiesel dem Kundigen die sehr unterschiedliche Herkunft des Materials; ihre Buntheit begeistert aber auch den Nichtfachmann. Die Kraft des transportierenden Wassers wird an der Abrundung der Kiesel deutlich; mit etwas Geduld wird man auch nahezu kugelförmige Steine finden. Der Sand, den die Flüsse aus dem Gebirge mitbringen, ist leicht goldstaubhaltig. Auf den Sedimenten im Tal hatten sich daher zeitweilig einige Goldwäscher niedergelassen, die auf einfachste Art versuchten, einige winzige Goldkörnchen aus dem Sand zu gewinnen. Reichtum war nicht zu erwarten, aber man weiß ja nie …

Auf den beiden Quellflüssen ziehen lange Boote vorbei, oft mit Waren beladen, die der Versorgung der oberhalb liegenden Siedlungen bis ins Becken von Puta-O dienen oder auf denen Arbeitskräfte befördert werden. Unterhalb des Zusammenflusses hatte ein chinesisches Unternehmen den Bau eines gewaltigen Staudamms mit Wasserkraftwerk geplant; der gewonnene Strom sollte größtenteils nach China exportiert werden. 15.000 Menschen müssten umgesiedelt werden, und auch die hohe Erdbebengefahr ist nicht zu unterschätzen. 2011 stoppte der damalige Präsident Thein Sein das Projekt, dessen Zukunft abzuwarten ist.

Adresse 97°30'11.06" E 25°42'43.78" N, Myitsone | **Anfahrt** Kiesufer an der Myitsone-Pagode am Zusammenfluss von N'Mai Hka und Mali Hka | **Tipp** Mehr noch als anderswo in Myanmar gilt hier: Lassen Sie sich Zeit, um dem gleichmäßigen Strömen des Wassers oder dem raschen Vorbeiziehen der Boote zuzuschauen, unmittelbar am Ufer oder im Restaurant oberhalb des Steilufers.

107__Das Fort Hertz
Wer den Überblick hat

Es stehen nur noch wenige Mauern des früheren Gebäudes, und sie wurden durch einen späteren Umbau fast zur Unkenntlichkeit verfremdet, aber sie lassen die Wehrhaftigkeit ahnen, die das alte Fort zu bewcisen hatte. Die Lage hätte besser nicht gewählt werden können: Nachdem die wuchernde Vegetation auf dem Hügel beseitigt war, bot sich über den Nam-Pa-Lak-Fluss ein freier Blick auf die weite Ebene von Puta-O, sodass das Fort für die britische Kolonialmacht wie die Befestigung auf einer Bastion mit vorgelagertem Glacis erscheinen musste – ganz im Sinne traditioneller Wehrtechnik.

Dem heutigen Besucher ermöglicht der Hügel mit dem ehemaligen Fort, einen Blick auf die weitgehend siedlungsfreie Ebene zu werfen, die landwirtschaftlich genutzt wird, soweit sie nicht der Nam Pa Lak mit seiner jahreszeitlich höchst unterschiedlichen Wasserführung durchzieht. Im Überschwemmungsbereich kann man mit Mühe kleine Gartenflächen vor dem Geröll schützen, welches von dem in der Trockenzeit wie ein kleines Rinnsal erscheinenden Fluss während der monsunalen Starkregen mitgeführt und über die Fläche ausgebreitet wird. Der Hügel mit dem ehemaligen Fort schützt damit zugleich die Wohnsiedlungen auf der anderen Seite vor Überschwemmungen.

In der britischen Kolonialzeit hatte Puta-O große strategische Bedeutung. Es wurde damals als Fort Hertz gegründet und nach dem Bezirksoffizier William Axel Hertz benannt, der das Gebiet 1888 kartografisch erfasste. Von Indien aus gesehen, von wo bis ins frühe 20. Jahrhundert die »hinterindischen« Besitzungen des Vereinigten Königreichs verwaltet wurden, war die kleine Festungsanlage ein Vorposten in dem nördlich an Oberbirma anschließenden Gebiet der »unabhängigen Stämme«. Sie lag östlich der Himalaya-Ausläufer, die die Stromsysteme von Brahmaputra und Ayeyarwady voneinander trennen, und kontrollierte die Ledo beziehungsweise Stilwell Road nach China.

Adresse 97°24'3.91" E 27°21'13.48" N, Puta-O | **Anfahrt** Das Fort liegt auf einem erhöhten Plateau über der Reisanbau-Flussaue zwischen den Ortsteilen Ho Khu im Norden und Kawngahtawn im Süden, circa 5 Kilometer vom Flugplatz nach Nordwesten. Achtung: Puta-O ist nur mit dem Flugzeug zu erreichen, eine Reisegenehmigung ist zu erfragen. | **Tipp** In und um Puta-O gibt es zahlreiche spannende alte Brücken zu sehen.

108__Der Morgenmarkt

Frühstück auf dem Bananenblatt

Der kühle Morgennebel kriecht förmlich in einen hinein – gut, dass es warme Jacken und Mützen gibt. Fröstelnd und verschlafen wirken die Marktbesucher, die ihre morgendlichen Einkäufe tätigen. Kurz vor Sonnenaufgang öffnen die ersten Stände, flache, hüfthohe Bambusgestelle, teils mit Plastikplanen bedeckt, auf denen frisches Gemüse – Bananenstamm, Bitterkürbis, Butterbohnen, Frangipani, Rosella, Sareptasenf, Tamarindenblätter, Taro, Wasserspinat oder Zitronengras – und frisches heimisches Obst zum Verkauf angeboten wird. Am köstlichsten: frische süße Grapefruit, Orangen, Ananas, Quitten. Da Kunstdünger und Agrochemikalien für die meisten Bauern unerschwinglich sind, handelt es sich bei den meisten, zumindest den einheimischen, um genuin organische Produkte. Viele Mütter, mit ihren gegen die Kälte muckelig eingepackten Kindern unterwegs, befördern die Einkäufe gleich schwungvoll in die aus Rattan oder flach geklopften Bambusstreifen geflochtenen Rückentragen.

Besonders belebt und offensichtlich bei Kunden aller Altersklassen beliebt sind die Stände, bei denen es gedämpfte Dimsum – »kleine Leckerbissen, die das Herz berühren« – gibt, etwa Teigtaschen mit Shrimppaste oder Hefeklöße mit Lotussamenmus. Noch größerer Nachfrage aber erfreut sich das traditionelle Kachin-Frühstück: in Dampf gegarte Gemüse, oft Okra und Auberginen, vermischt mit Klebreismus, garniert mit viel Koriander und Petersilie, gewürzt mit lokalen Kräutern und Chilisauce – dazu frischer, in etwas Öl gebackener Tofu oder Stücke aus Reis- oder Kürbispudding. Serviert wird das Frühstück traditionell auf einem Bananenblatt.

Damit nicht genug: In den traditionellen Gerichten der Kachin wird üblicherweise viel Gemüse und Reis, aber wenig Öl verwendet. Fisch oder Rind gehört dazu, wie in Shan Hkak: Rindergehacktes mit Knoblauch, Basilikum, Ingwer, Chilis und Pfeffer. Ein traumhaftes Mittagessen!

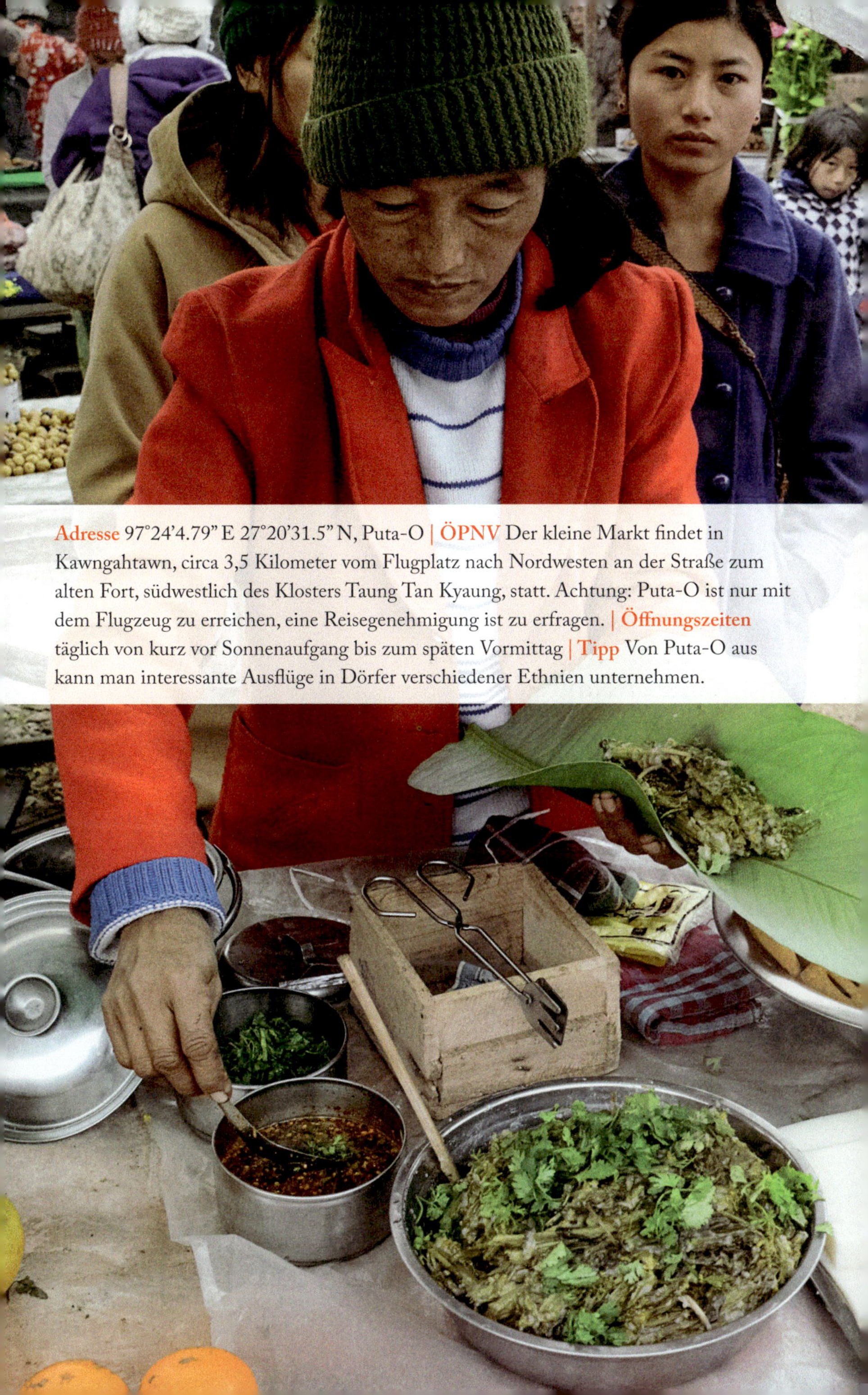

Adresse 97°24'4.79" E 27°20'31.5" N, Puta-O | **ÖPNV** Der kleine Markt findet in Kawngahtawn, circa 3,5 Kilometer vom Flugplatz nach Nordwesten an der Straße zum alten Fort, südwestlich des Klosters Taung Tan Kyaung, statt. Achtung: Puta-O ist nur mit dem Flugzeug zu erreichen, eine Reisegenehmigung ist zu erfragen. | **Öffnungszeiten** täglich von kurz vor Sonnenaufgang bis zum späten Vormittag | **Tipp** Von Puta-O aus kann man interessante Ausflüge in Dörfer verschiedener Ethnien unternehmen.

109__Die Einbahnbrücke

Zu schmal für zwei Mopeds

Den etwa eine Fahrtstunde von Puta-O entfernt liegenden kleinen Verwaltungsort Machanbaw erreicht man auf dem letzten Kilometer nur zu Fuß oder per Motorrad über eine imposante Hängebrücke aus Stahl und Holz. Denn die gut 200 Meter lange Brücke ist so schmal und grazil, dass kein Auto über sie fahren könnte, selbst für zwei Motorräder ist der Platz nebeneinander eng. Aber die Frequenz der Fahrzeuge ist selten so hoch, dass dies als besonderes Hindernis wahrgenommen würde. Nördlich von Myitkyina gibt es nur wenige moderne Brücken, die über die Quellflüsse des Ayeyarwady führen. Der Raum ist zwar dünn besiedelt, aber in der Nachbarschaft von Indien und China ist jede Verkehrsanlage von großer strategischer Bedeutung. Entsprechend sind die Brücken und Flussquerungen zumeist besonders gesichert.

In Machanbaw wohnen vorwiegend lokale ethnische Gruppen, allem voran Rawang, Kachin und Lisu, aber auch Khamti Shan sowie Birmanen aus Zentralmyanmar, die hierher zumeist als Verwaltungsbeamte abgeordnet sind.

Machanbaw war ein Vorposten der Besiedlung und lag in der Zeit der britischen Erschließung im Norden des Kachin-Staates. Hier befand sich ab 1913, noch bevor 1925 nördlich davon in Puta-O das Fort Hertz gegründet wurde, der nördlichste koloniale Verwaltungsschwerpunkt. Der ferne Norden war als Pionierfront, aber auch als »Ort der Verbannung« verfemt: Hierher sandte man Offiziere und Verwaltungspersonal zwecks Bestrafung oder Disziplinierung. Die Hinterlassenschaften der Kolonialepoche sind noch heute unübersehbar: Zahlreiche ehemalige Häuser britischer Offiziere, ein britisches Clubhaus und viele Verwaltungsgebäude dominieren das Ortsbild, einige intakt und von heutigen Verwaltungseinheiten genutzt, andere verlassen und in fast schon romantischer Weise ihrem Schicksal überlassen. Von einigen behauptet die Bevölkerung, es spukten in ihnen ruhelose Geister.

Adresse 97°34'58.19" E 27°16'23.33" N, Machanbaw | **Anfahrt** am Mali Hka, circa 20 Kilo-
meter östlich des Flugplatzes von Puta-O | **Tipp** Alte britische Verwaltungsgebäude sind
circa 350 Meter nordöstlich des Marktes (97°35'17" E, 27°17'08" N) erhalten.

110__ Die Waldlichtung
Affentheater am Dschungelpfad

Im Norden des Kachin-Staates sind noch nahezu geschlossene Waldbestände in ihrer weitgehend ursprünglichen Form erhalten, denn sie sind bisher noch kaum vom Menschen beeinflusst. Sie gehören zu den letzten großen Waldgebieten Asiens. Die hier stockenden subtropischen Monsunwälder sind niedriger als die immergrünen tropischen Regenwälder. In der Trockenzeit dürren sie aus, da die Bäume angesichts des fehlenden Niederschlags das Laub abwerfen. Das Kronendach ist dünn und relativ offen, auch der Waldboden trockener. Es trifft somit auch mehr Licht auf den Boden, und das Unterholz ist dichter. Entsprechend sind die Wälder schwer zu durchdringen.

Die Bewohner von Avadam nutzen den Wald zum Holzeinschlag für den Eigenbedarf – als Bauholz für die Häuser und Brücken sowie als Brenn- und Feuerholz zum Heizen in der kalten Jahreszeit und zum Kochen auf der offenen Feuerstelle. Sie erhalten zudem kompensierend eine jährliche Prämie dafür, dass sie die Wälder nicht für den Verkauf von Feuerholz in andere Landesteile oder die Herstellung von Holzkohle nutzen, wie es anderswo in Myanmar der Fall ist. Außerdem wird der Wald natürlich zur Jagd – etwa von Vögeln, Eichhörnchen und Stachelschweinen – und für die Sammelwirtschaft genutzt, ebenfalls nur für den Eigenbedarf. Angesichts der geringen Besiedlungsdichte werden die Wälder somit kaum beeinträchtigt.

Auf einer Wanderung durch die Berge, die so nur in der kalten Trockenzeit möglich ist, fällt sofort die Lichtheit der Wälder auf. Überall liegt Laub, und man kann in die Tiefe des Waldes und durch das Kronendach hindurchschauen. Unzählige Vogelstimmen lassen sich ausmachen, unterschiedlich in den Tageszeiten – und man hört das aufgeregte Geschrei von Affenrudeln. Überall kann man sie in den Wäldern hören, teils durch das Astwerk springen sehen. Sie sind ein untrügliches Zeichen dafür, dass die Wälder hier noch intakt sind.

Adresse 97°8'0.33" E 27°31'38.04" N | **Anfahrt** Das Dorf Avadam ist nur zu Fuß zu erreichen, es liegt circa 35 Kilometer nordwestlich von Puta-O am Fluss Nam Lang 920 Meter über dem Meeresspiegel. Der Affendschungel befindet sich circa 2,5 Kilometer flussaufwärts von Avadam. | **Tipp** Unternehmen Sie eine geführte Wanderung durch abwechslungsreiche, teils offene, teils wilde Wälder.

111 — Das letzte Dorf
Nicht am Ende der Welt

Von Puta-O führt eine Trekkingroute, die mit dem Rückweg vier Tage in Anspruch nimmt, nach Ziyadam, dem »letzten Dorf«. Diese Bezeichnung ist zunächst wörtlich zu verstehen: Entlang eines in britischer Zeit einmal ausgebauten Fahrwegs, von dessen Trasse unterwegs noch bescheidene Reste zu erkennen sind, ist es der letzte dauerhaft besiedelte Platz, bevor hinter der nächsten Gebirgskette indisches Territorium beginnt. Auch in anderer Hinsicht könnte es das letzte Dorf sein: Bevölkerungsdruck bei den kleineren ethnischen Minderheiten des Nordens, den Rawang und Lisu, zwang im frühen 20. Jahrhundert zur Erschließung des peripheren Berglands, dessen Anbindung höchst schwierig ist. So kommt es inzwischen schon wieder zur Abwanderung aus den Gebirgssiedlungen.

Ziyadam breitet sich auf einer Terrasse über dem Ziya-Fluss aus. Die »Dorfstraße« wird von Häusern in der regional verbreiteten Bauweise begleitet: Auf Pfählen ruht, über eine Treppe erschlossen, das Haus mit meist nur drei Räumen, von denen der größte durch eine offene Feuerstelle in der Mitte beheizbar ist. Die Wände bestehen trotz der Höhenlage (1.065 Meter), in der während der kühlen Jahreszeit die Temperatur unter den Gefrierpunkt fallen kann, nur aus dünnem Flechtwerk. Das morgendliche Feuer wird im Haus in einem viereckigen Sandbett entfacht; da die Häuser keine Kamine oder Abzüge haben, sitzt man in beißendem Rauch. Wasser wird aus einem kleinen Rinnsal entnommen oder muss vom Fluss geholt werden. Die große Hoffläche ist der tägliche Aufenthaltsraum für Bewohner und Kleinvieh.

Die wirtschaftlichen Möglichkeiten der Bevölkerung sind begrenzt. Aus den Wäldern kann etwas Holz gewonnen und weiterverarbeitet werden, in den Tälern ist etwas Ackerbau in Subsistenzwirtschaft möglich. Auch für den Tourismus ist es »das letzte Dorf«, denn die Übernachtungskapazitäten in den Häusern sind gering.

Adresse 97°5'58.46" E 27°34'17.33" N, Ziyadam | **Anfahrt** circa 10 Kilometer nordöstlich von Avadam, 45 Kilometer nordöstlich von Puta-O, in 1.000 Meter Höhe und nur zu Fuß zu erreichen | **Tipp** Ein Ausflug nach Norden führt nach der Wanderung durch hohe Grasfluren bis zum Zusammenfluss zweier stark wasserführender Flüsse; große Steine lassen die Kraft des Abflusses in der Regenzeit erahnen.

Literatur

Die folgenden Literaturangaben verfolgen den doppelten Zweck, Hintergrundangaben für die Texte in diesem Band zu vermitteln und weiterführende Lektüre anzugeben. Auf die Nennung reiner Reiseliteratur (Architektur- und Reiseführer) und großformatiger Bildbände wird dabei verzichtet.

Adas, M. (1974): The Burma Delta: Economic Development and Social Change on an Asian Rice Frontier, 1852–1941. Madison.

Aung-Thwin, M., M. Aung-Thwin (2012): A History of Myanmar since Ancient Times. Traditions and Transformations. London.

Bender, F. (1983): Geology of Burma. Beiträge zur regionalen Geologie der Erde 16. Stuttgart.

Bruns, A. R. H. (2006): Burmese Puppetry. Bangkok.

Cheesman, N., Skidmore, M., T. Wilson (Eds.) (2012): Myanmar's Transition. Openings, Obstacles and Opportunities. Singapore.

Diran, R. K. (1997): The Vanishing Tribes of Burma. New York.

Egreteau, R., F. Robinne (Eds.) (2016): Metamorphosis. Studies in Societal and Political Change in Myanmar. Singapore.

Fraser, D. W., B. G. Fraser (2005): Mantles of Merit. Chin Textiles from Myanmar, India and Bangladesh. Bangkok.

Fraser-Lu, S. (1994): Burmese Crafts. Past and Present. Kuala Lumpur.

Furnivall, J. S. (1957): An Introduction to the Political Economy of Burma. Rangoon.

Golloch, A. (2014): Handwerkskunst in Myanmar (Burma). Mit traditioneller Technik zu Meisterwerken. Aachen.

Gutman, P. (2001): Burma's Lost Kingdoms. Splendours of Arakan. Bangkok.

Hauff, M. von (2007): Economic and Social Development in Burma/Myanmar. The Relevance of Reforms. Marburg.

Hla Tun Aung (2003): Myanmar. The Study of Processes and Patterns. Yangon: National Centre for Human Resource Development, Publishing Committee, Ministry of Education Yangon.

Khin Maung Nyunt (2016): The Historic Bells of Yangon. Yangon.

Köster, U., Phuong Le Trong, Ch. Grein (Hg.) (2014): Handbuch Myanmar: Gesellschaft, Politik, Wirtschaft, Kultur, Entwicklung. Berlin.

Kraas, F. (2009): Tsunami 2004 und Zyklon »Nargis« 2008. Katastrophenbewältigung in den Küstenregionen von Myanmar. Geographische Rundschau 61 (12): 50–58.

Kraas, F. (2016): Ökonomische Transformationen im Delta des Ayeyarwady/Myanmar. Geographische Rundschau 68 (7/8): 24–29.

Kraas, F. (2016): Rubine und Saphire: Zur Entwicklung der Bergbaustadt Mogok/Myanmar. In: Die Welt verstehen – eine geographische Herausforderung. Eine Festschrift der Geographie Innsbruck für Axel Borsdorf. Innsbrucker Geographische Studien 40: 95–118.

Kraas, F., Hlaing Maw Oo, R. Spohner (2014): Yangon Urban Heritage: 189 Listed Heritage Buildings. An annotated thematic map. Cologne. 2nd edition.

Kraas, F., Mi Mi Kyi, Win Maung (Eds.) (2016): Sustainability in Myanmar. Southeast Asian Modernities 15. Wien.

Kraas, F., R. Spohner, Aye Aye Myint u. a. (2017): Socio-Economic Atlas of Myanmar. Stuttgart.

KTAM Report (Knappen Tippets Abbett McCarthy Engineers) (1953): Economic and Engineering Development of Burma. Vol. 1: Introduction, Economics and Administration, Agriculture and Irrigation, Transportation. Vol. 2: Telecommunications, Power, Industry. Aylesbury/London.

Kyaw Nyunt Lwin, Khin Ma Ma Thwin (2005): Birds of Myanmar. Bangkok.

Leider, J. P. (2004): Le Royaume d'Arakan, Birmanie. Son histoire politique entre le début du XVe et la fin du XVIIe siècle. Paris.

Ma Thanegi (2008): Myanmar Marionettes. Yangon.

Miksic, J. N., G. Y. Goh (2017): Ancient Southeast Asia. New York.

Mitchell, A. (2018): Geological Belts, Plate Boundaries and Mineral Deposits in Myanmar. Amsterdam.

Moilanen, J., Ozhegov, S. S. (1999): Mirrored in Wood. Burma's Art and Architecture. Bangkok.

MoIP (Ministry of Immigration and Population) (2015): The 2014 Myanmar Population and Housing Census. Highlights of the Main Results. Census Report Volume 2-A. Nay Pyi Taw.

MLF (Ministry of Livestock and Fishery) (2014): Marine Conservation in Myanmar. Current knowledge and research recommendations. Yangon.

Moore, E. (2007): Early Landscapes of Myanmar. Bangkok.

MoPF (Ministry of Planning and Finance) (2016): Myanmar Statistical Yearbook 2016. Nay Pyi Taw.

Nijman, V., Indenbaum, R. A. (2017): Golden Rock Revisited: Wildlife for sale at Kyaiktiyo, Myanmar. TRAFFIC Bulletin 29 (2): 80–84.

Nijman, V., Shepherd, C. R. (2017): Ethnozoological assessment of animals used by Mon traditional medicine vendors at Kyaiktiyo, Myanmar. Journal of Ethnopharmacology 202: 101–106.

Nishizawa, N. (1991): Economic Development of Burma in Colonial Times. IPSHU Research Report Series No. 15. Hiroshima.

O'Connor, S. (1907): Mandalay and other Cities of the Past in Burma. Reprint 1996. Bangkok.

Odaka, K. (Ed.) (2016): The Myanmar Economy. Its Past, Present and Prospects. Tokyo.

Pearn, B. R. (1939): A History of Rangoon. Rangoon.

Percival, B. (2016): Walking the Streets of Yangon. Yangon.

Rabinowitz, A. (2001): Beyond the Last Village. A Journey of Discovery in Asia's Forbidden Wilderness. Washington.

Robin, K. (Ed.) (2009): Chin. History, Culture and Identity. New Delhi.

Sai Aung Tun (2009): History of the Shan State. From Its Origins to 1962. Bangkok.

Sakhong, L. H. (2003): In search of Chin identity. A study in Religion, Politics and Ethnic Identity in Burma. Copenhagen.

Saul, J. (2005): The Naga of Burma. Their Festivals, Customs, and Way of Life. Bangkok.

Singer, N. F. (1995): Old Rangoon. City of the Shwedagon. Gartmore.

Schlüssel, R. (2002): Mogok. Eine Reise durch Burma zu den schönsten Rubinen und Saphiren der Welt. München.

Skidmore, M. (Ed.): (2005): Burma at the Turn of the 21st Century. Honolulu.

South, A. (2008): Ethnic Politics in Burma. States of conflict. London.

Stadtner, D. M. (2011): Sacred Sites of Burma. Myth and Folklore in an Evolving Spiritual Realm. Bangkok.

Su Su, Win Kyaing (2016): 2.000 Years of Urban Continuity in Sri Ksetra-Pyay. In: Kraas, F., Mi Mi Kyi, Win Maung (Eds.) (2016): Sustainability in Myanmar. Southeast Asian Modernities 15. Wien: 307–318.

Taylor, R. H. (2009): The State in Myanmar. London.

Thant Myint-U (2011): Where China Meets India. Burma and the New Crossroads of Asia. London.

Zin Mar Than (2017): Socio-Economic Development of Indawgyi Lake, Myanmar. Stuttgart.

Meiktila

Kalaw Taunggyi

Magway

SHAN

Tachileik

45

MAGWAY

NAY PYI TAW

NAY PYI TAW

Thanlwin

Aunglan

Loikaw

KAYAH

1

76 77

Taungoo

Pyay

78

Ayeyarwady

BAGO

Phyu

RAKHINE

Nyaunglebin

Hinthada

Taikkyi Bago

71 70

Pathein 69

68

Thanlwin

Hpa-An

Thaton

KAYIN

Myawaddy

73 72

Yangon

Thanlyin

MON

Mawlamyine

63

Myaungmya

YANGON

Mudon

AYEYARWADY

Thanbyuzayat

Golf von Martaban

Dawei

TANINTHARYI

0   50   100   150   200   250 km

Kartographie: R. Spohner

Myeik

66

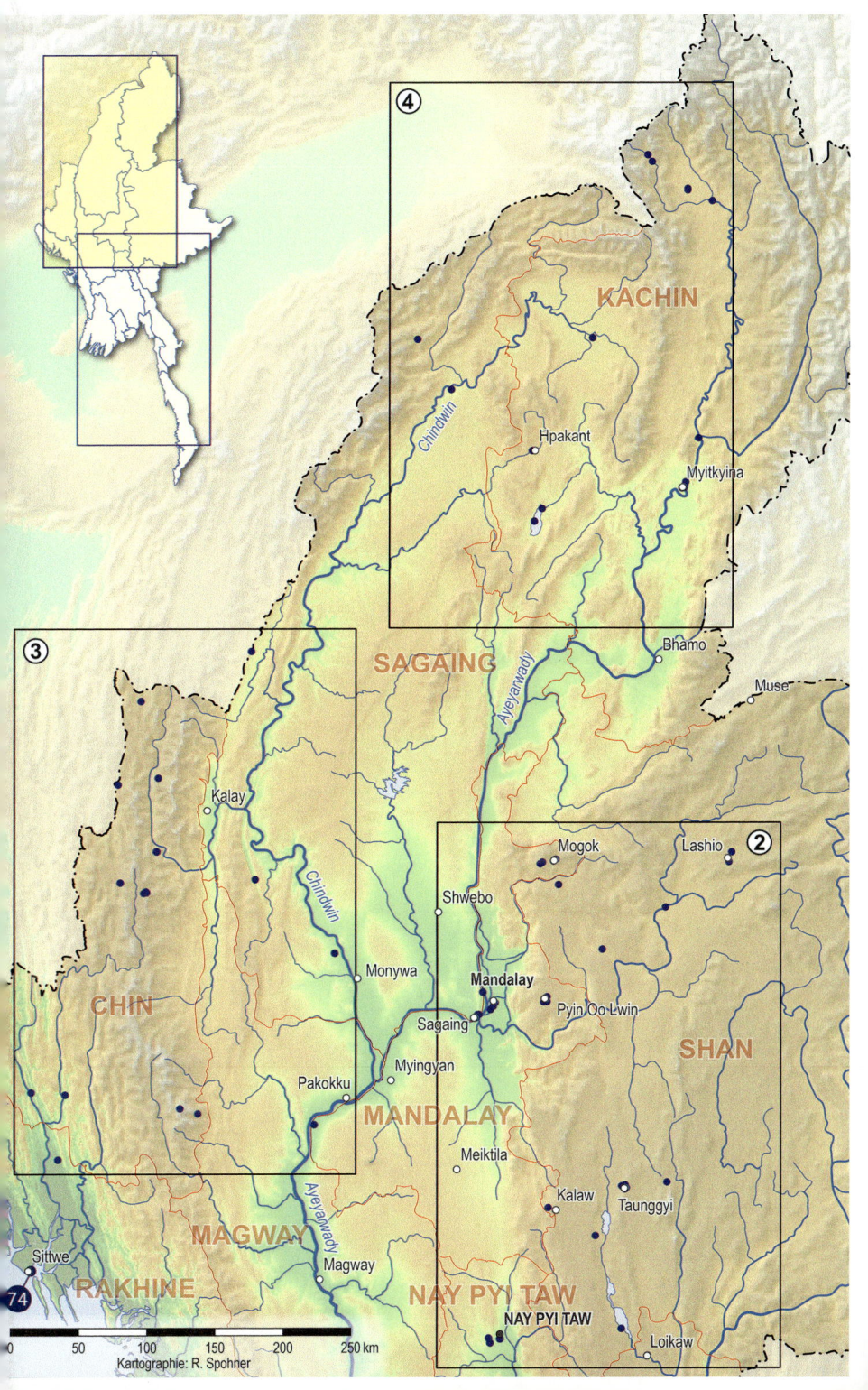

④

KACHIN

Chindwin

Hpakant

Myitkyina

Bhamo

Muse

③

SAGAING

Ayeyarwady

Kalay

Chindwin

Mogok

Lashio

②

Shwebo

Monywa

Mandalay

Pyin Oo Lwin

Sagaing

CHIN

Myingyan

Pakokku

MANDALAY

SHAN

Meiktila

Kalaw

Taunggyi

Ayeyarwady

MAGWAY

Magway

NAY PYI TAW

NAY PYI TAW

Sittwe

RAKHINE

Loikaw

74

0   50   100   150   200   250 km

Kartographie: R. Spohner

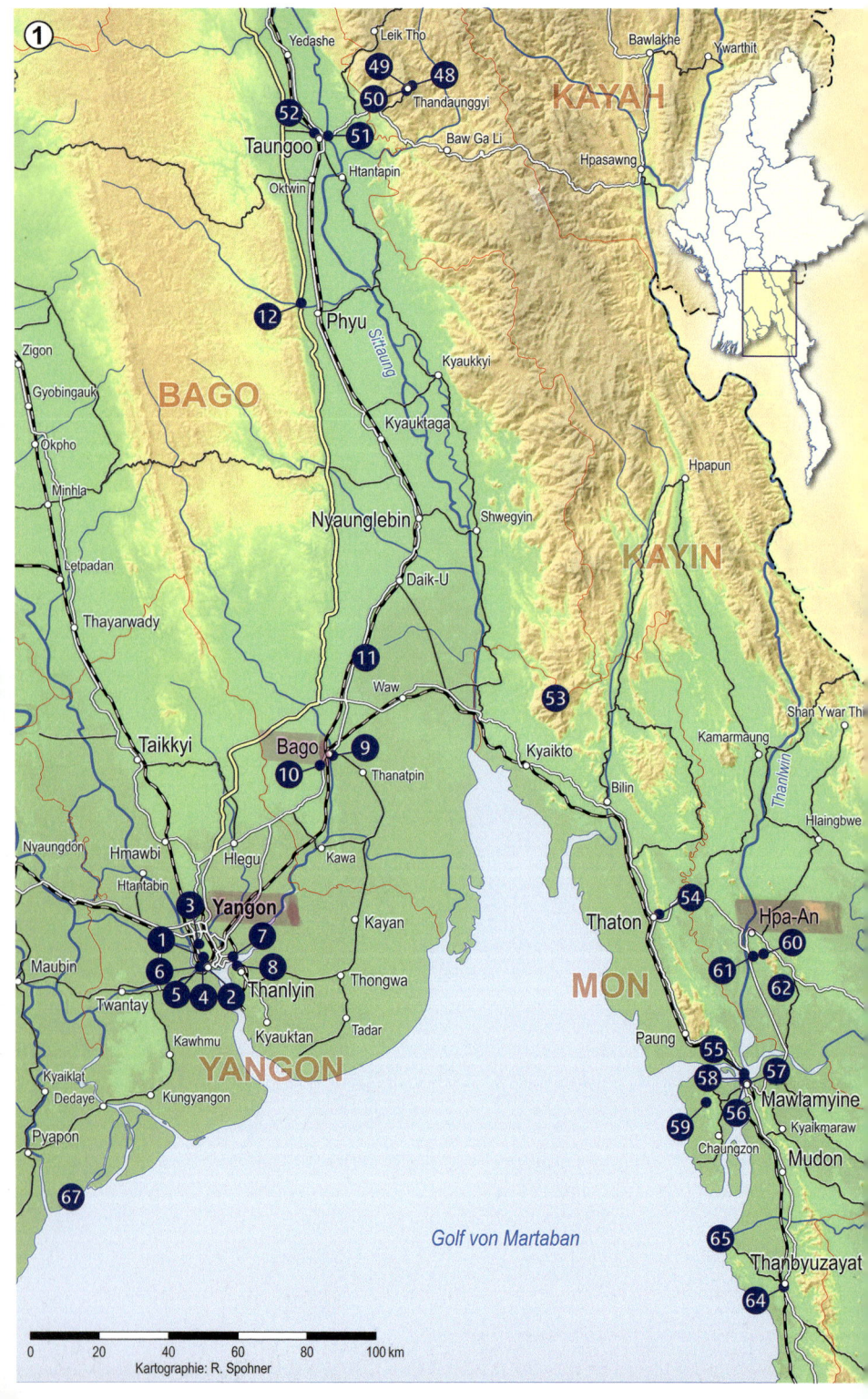

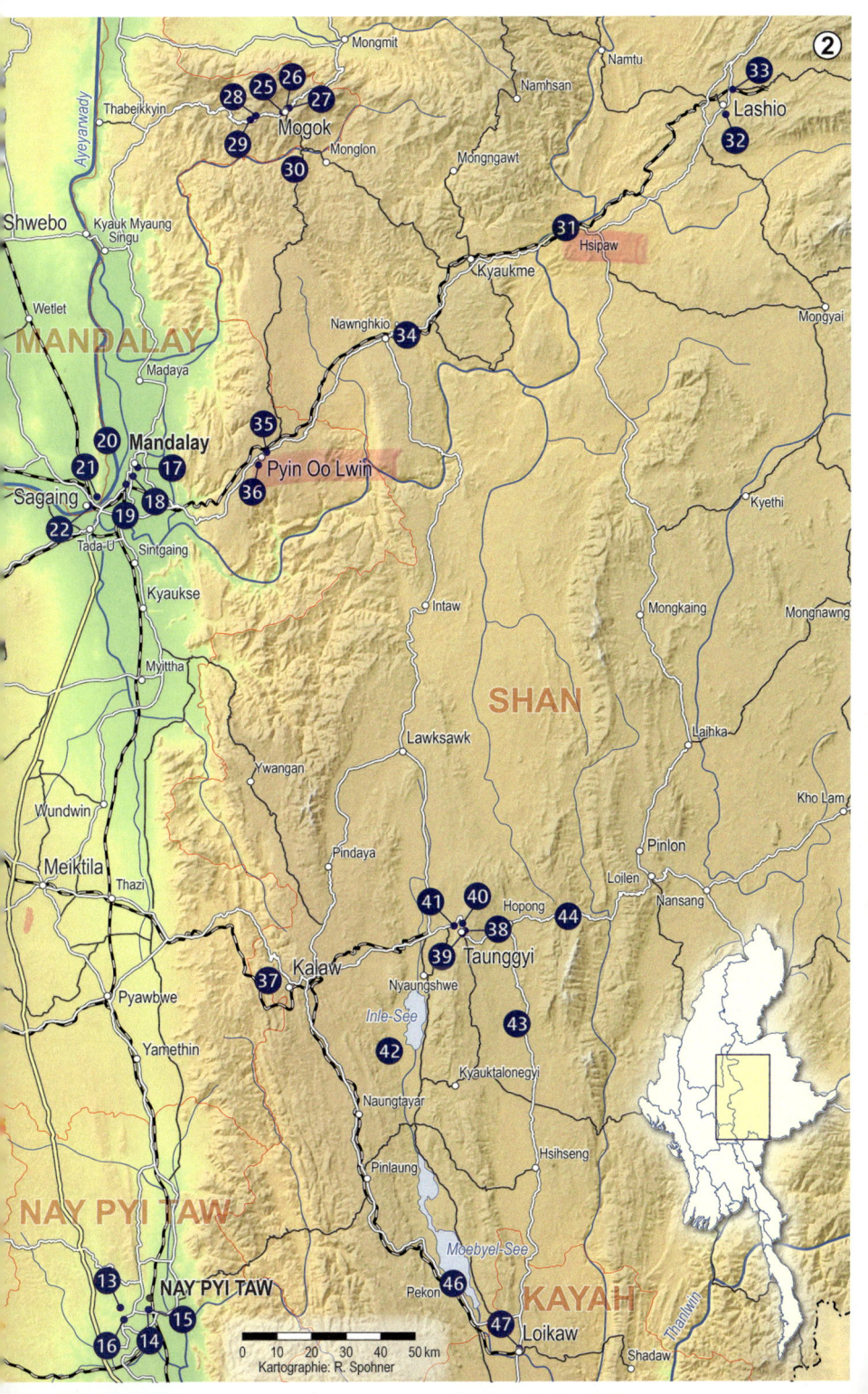

③

94
Tamu
Paungbyin
Chindwin
93
Cikha
Khampat
Mawlaik
Tonzang
92
Rihkhawdar Tedim
91
Kalay
Kalewa
SAGAING
88
89 Falam
90
Mingin
Thantlang
84 86
85
79
Chindwin
87 Hakha
CHIN
Kani
Gangaw
23
Rezua
Yinmarbin
Pale
Salingyi
Matupi
Tilin
Myaing
Pauk
81
Kyaukhtu
Pakokku
Paletwa
Mindat
Samee
83 Kanpetlet
MAGWAY
Nyaung-U
80
82 Saw
24
Kaladan
Ngathayau
0   20   40   60   80   100 km
75
Kyauktaw
Chauk Seikphyu
Kartographie: R. Spohner
Kyaukpadaung

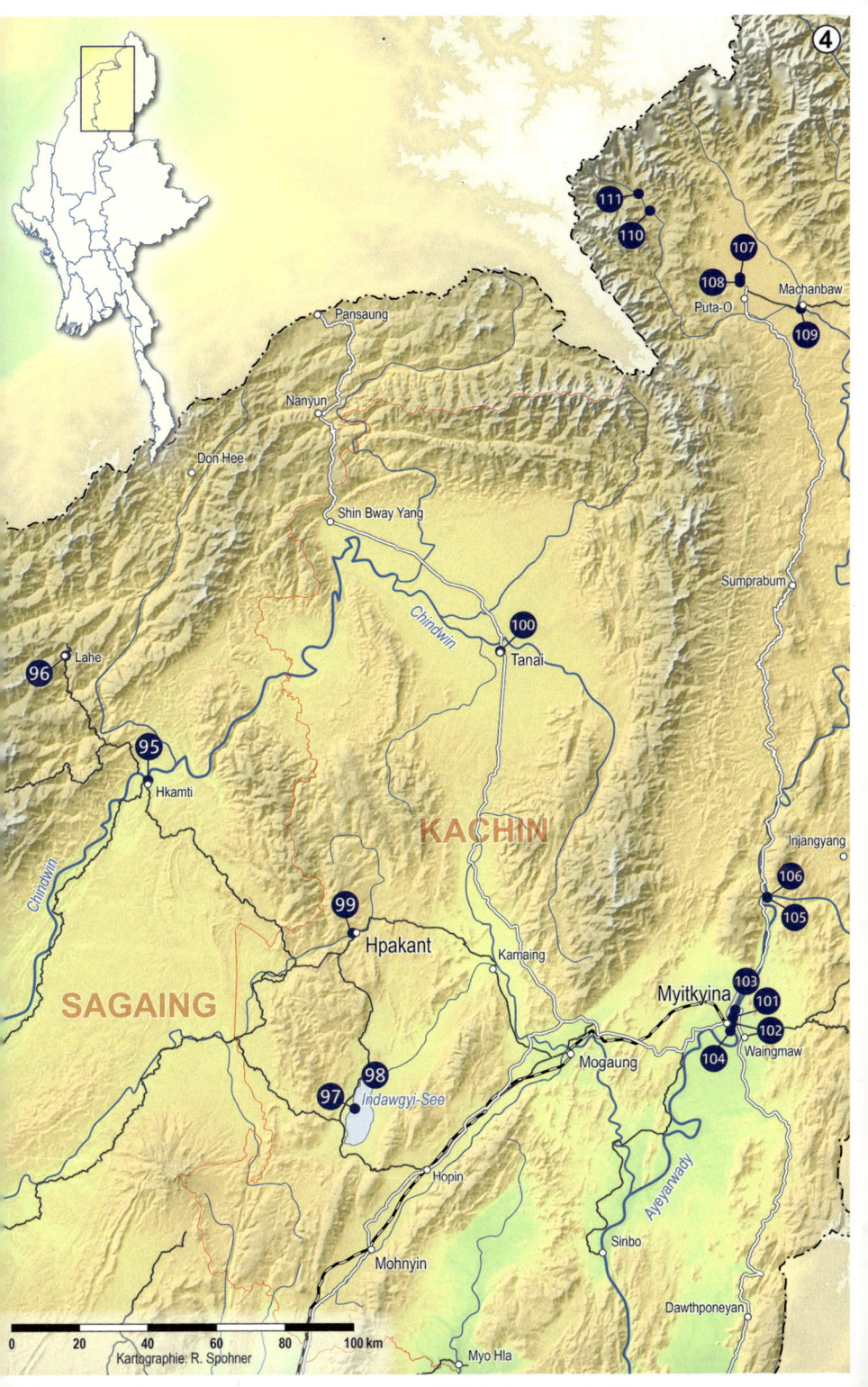

Die Autoren

Frauke Kraas studierte Geographie, Biologie, Ethnologie und Philosophie, promovierte 1991 in Münster, habilitierte 1996 in Bonn und ist seit 2000 Professorin für Stadt- und Sozialgeographie an der Universität zu Köln. Seit 1996 arbeitet sie in Myanmar, hat zwei Jahre vor Ort gelebt und im Zusammenhang mit mehreren Forschungsprojekten fast das gesamte Land bereist.

Regine Spohner studierte Kartographie und Geographie in Karlsruhe, Köln und Bonn, promovierte 2004 in Bonn und ist seit 2004 Mitarbeiterin am Geographischen Institut in Köln. Seit 2004 arbeitet sie in Forschungsprojekten zu Myanmar und hat das Land im Zuge dessen zahlreiche Male besucht.

Jörg Stadelbauer studierte Geographie, Geschichte und Latein; 1972 folgten Promotion und 1979 Habilitation. Von 1987 bis 1991 hatte er einen Lehrstuhl in Mainz, von 1991 bis 2009 den Lehrstuhl für Kulturgeographie und Landeskunde an der Universität Freiburg inne. Arbeitsschwerpunkte sind Kulturgeographie, Russland, Kaukasien und Zentralasien. Myanmar bereiste er mehrfach seit 1996.